가장 낮은 곳에 있을 때
비로소 내가 보인다

생의 절반을 보낸 나는

가야 할 길을 잃고

어두컴컴한 숲속을 헤맸다.

거칠고 황량한 그 숲을

어찌 다 말로 표현할 수 있을까.

생각만 해도 두려움이 되살아난다.

___단테의 《신곡》 중에서

삶의 한가운데서 마주한 중년의 성장통과 깨달음

가장 낮은 곳에 있을 때
비로소 내가 보인다

임채성 지음

삶의 한가운데서 마주한
중년의 성장통과 깨달음

첫커피 맛을 잘 아는 사람들은 커피를 마시면서 상큼한 과일 향도 느끼고, 달콤한 초콜릿 향이나 고소한 견과류 향도 느낀다고 한다. 하지만 나는 벌써 수십 년째 커피를 마셔왔는데도 그런 향을 단 한 번도 느끼지 못했다. 오로지 쓴맛만 느꼈을 뿐이다.

콩국수에 소금을 넣어서 먹는 사람들이 더러 있다. 그렇게 하면 콩물의 구수한 맛을 더 진하게 느낄 수 있기 때문이란다. 하지만 누구나 그 맛을 느끼는 것은 아니다. 그 맛을 느끼려면 소금의 짠맛을 먼저 제대로 느껴야 한다. 그것을 모른 채 무작정 콩물부터 삼키면 그저 밋밋하고 밍밍할 뿐이다.

내가 커피 향을 제대로 느끼지 못하는 이유는 아직 내공이 부족하기 때문이다. 마찬가지로 콩물의 구수함을 모르는 사람들 역시 아직 그 맛을 즐기는 연륜에 이르지 못했다고 할 수 있다.

지금 당장 그 맛을 모른다고 해서 실망할 일은 아니다. 군이 그것을 알아야 할 이유도 없지만, 살다 보면 어느 순간 저절로 알게 되는 수도 있기 때문이다. 경험이 내공을 깊어지게 해서 알지 못했던 향과 맛을 느끼게 하는 것이다. 예컨대, 나는 콩가루 묻은 인절미의 쫀득함과 고소함, 나무껍질을 씹는 것만 같아서 싫어했던 고사리를 비롯한 나물의 참맛을 나이 들면서 비로소 알게 되었다.

삶 역시 마찬가지다. 살다 보면 누구나 그동안 놓치고 살았던 소중한 것을 알게 되는 때가 온다. 이른바 깨달음의 순간인 셈이다. 잘나가고 높은 곳에 있을 때보다 힘들고 낮은 곳에 있을 때, 올라갈 때보다 내려올 때 그런 경우가 많다. 가장 힘들고 낮은 곳에 있을 때 비로소 진실한 나와 마주할 수 있기 때문이다. 높은 곳에서 보는 나는 오만하고 자만할 수 있지만, 낮은 곳에 있는 나는 더는 잃을 것이 없기에 더없이 욕심 없고 겸손하며 진실하다. 또한, 오만과 자만은 자신을 과대평가하지만, 겸손과 진실함은 자신을 바로 보게 한다.

잘 익은 벼일수록 고개를 깊이 숙인다. 벼가 고개를 숙이는 이유는 부족해서가 절대 아니다. 가득 찼기 때문이다. 설익은 벼는 고개를 절대 숙이는 법이 없다. 고개를 높이 치켜든 채 스스로 뽐내고 잘난 체할 뿐이다.

사람 역시 마찬가지다. 자기 안에 든 것이 많은 사람일수록 고개를 숙인다. 다른 사람에게 잘 보이기 위해서, 더 크게 성공하려고 일부러 고개 숙이는 것이 절대 아니다. 거기에는 힘든 삶을 이기며 사는 사람들을 존중하는 진심이 담겨 있다. 산전수전 겪으면서 스스로 깨우친 삶의 이치이기도 하다.

얼마 전까지만 해도 내 삶은 밍밍하고 밋밋했다. 아무런 맛과 향도 느낄 수 없었을뿐더러 무엇 하나 두드러진 것 없이 평범했다. 무엇보다도 삶의 내공이 크게 부족했다. 그러다 보니 다른 사람들, 특히 성공한 이들의 말과 행동을 무작정 좇느라 바빴다. 그것이 나를 행복하게 해줄 것으로 착각했기 때문이다.

누구나 젊고 잘나갈 때는 앞이 아닌 위만 쳐다보면서 달린다. 누군가가 앞을 가로막고 "이건 아니다"라고 해도 전혀 들으려고 하지 않는다. 오로지 자기밖에 모르며, 웬만해서는 질주를 멈추려고 하지 않는다. 하지만 인생이 항상 올라갈 수만 있다면 얼마나 좋겠는가만은, 인생은 그렇게 만만치가 않다. 어렵고 힘들게 올라갔지만, 언젠가는 결국 내려와야만 하기 때문이다. 중요한 것은 올라갈 때는 그것을 잘 모른다는 것이다. 내려올 때쯤에야 그것을 비로소 깨닫게 된다.

예일대학과 하버드대학 교수를 지낸 헨리 나우웬Henri J.M. Nouwen 신부는 어릴 때부터 늘 일등으로만 달렸다. 그런데 어느 날, 교수직을 돌연 사임한 후 캐나다 토론토에 있는 지적 장애아를 돌보는 공동체에 들어갔다. 그는 그곳에서 그들의 용변을 치우고 목욕을 시키는 등 온갖 허드렛일을 하며 지냈다. 누군가가 그에게 왜 그렇게 사느냐고 묻자, 그는 이렇게 말했다.

"나는 그동안 오르막길만 걸어왔습니다. 어릴 때부터 항상 일등으로 달려서 하버드대학 교수까지 올라갔지요. 그러나 나이 들면서 비로소 깨달은 사실이 있습니다. 그것은 바로 인생은 내리막길에서 훨씬 성숙해진다는 것입니다."

대부분 사람이 중년이 되면 큰 변화를 겪는다. 무작정 앞만 보며 열심히 달려왔는데, 갑자기 잘 달려온 것인지, 앞으로도 이렇게 달리는 것이 가능한지, 이런 삶이 과연 내가 바라는 삶이었는지, 돈 버는 기계로만 살아온 것은 아닌지, 라는 실존적 불안과 의문이 시도 때도 없이 고개를 쳐들기 때문이다. 그래서 중년을 '사추기'라고 부르기도 한다. 인생의 봄에 해당하는 청소년기에 찾아오는 사춘기에 빗댄 말이다. 실제로 이때는 사춘기처럼 신체·정신·환경적 변화가 한꺼번에 몰려오기도 한다.

나 역시 중년의 성장통을 한창 겪는 중이다. 단단하리라고 생각했던 마음이 언제부터인가 부쩍 약해졌고, '나를 위해서 살지 못했다'라는 회의가 들기 시작했다. 갑자기 변한 입맛에 놀라기도 하고, 고전과 어른들의 말씀에서 뒤늦은 깨달음을 얻기도 한다.

중년의 성장통은 위기가 아닌 성찰과 깨달음의 순간이다. 그동안 볼 수 없었던 것을 비로소 보게 하기 때문이다. 따라서 내면의 소리에 귀 기울이고, 자신을 솔직히 돌아봐야 한다. 내면의 문제를 외면하지 않고 마주함으로써 자신을 재발견하고, 새로운 길을 모색할 수 있기 때문이다. 무릇, 진정한 깨달음은 가장 절망적인 시간을 뚫고 나아가야만 얻을 수 있는 법이다.

이 책의 작은 깨달음은 거기서부터 시작되었다. 커피 향과 콩국수의 참맛을 느끼기에도 여전히 삶의 내공이 크게 부족하지만, 이 책을 쓰면서 그동안 걸어온 길을 되돌아보고 성찰할 수 있었다.

'위'가 아닌 '앞'을 향해 나아가련다.

_ 학산 봉호에서, 임채성

★ CONTENTS ★

나이 들면 사람이 귀해진다

PART 4
인생의 마법은 두려움 너머에 있다

―――――――――――――――――――

● 나이 듦의 성장통은 쇠퇴와 퇴보가 아닌 성장과 발전을 위한 과정일 뿐이다. 우리 삶을 더 크고 단단하게 하기 위한 깨달음의 과정인 셈이다. 따라서 힘들다고 해서 그것을 외면해서는 안 된다. 차분하고 침착하게 받아들이고, 자신의 내면과 정면으로 마주하는 좋은 기회로 생각해야 한다. 나아가 그동안 얻은 수많은 경험과 지혜를 기초로 지나온 삶을 성찰하고, 인생의 진정한 의미를 깨닫는 소중한 기회로 삼아야만 한다.

― 〈나이 듦의 성장통〉 중에서

●● 잘 익은 벼일수록 고개를 깊이 숙인다. 벼가 고개를 숙이는 이유는 부족해서가 절대 아니다. 가득 찼기 때문이다. 설익은 벼는 고개를 절대 숙이는 법이 없다. 고개를 높이 치켜든 채 스스로 뽐내고 잘난 체할 뿐이다. 사람 역시 마찬가지다. 자기 안에 든 것이 많은 사람일수록 고개를 숙인다. 거기에는 힘든 삶을 이기며 사는 사람들을 존중하는 진심이 담겨 있다.

― 〈인생은 내리막길에서 훨씬 성숙해진다〉 중에서

●●● 높은 곳에 서야만 내가 보이는 게 아니다. 가장 절박하고 힘들 때 즉 가장 낮은 곳에 있을 때 비로소 나와 마주할 수 있다. 높은 곳에서 보는 나는 오만하고 자만할 수 있지만, 가장 낮은 곳에 있는 나는 더는 잃을 것이 없기에 더없이 겸손하고 진실하기 때문이다. 또한, 오만과 자만은 자신을 과대평가하지만, 겸손과 진실함은 자신을 바로 보게 한다.

― 〈가장 낮은 곳에 있을 때 비로소 내가 보인다〉 중에서

PART 1

인 생 은
내 리 막 길 에 서
훨 씬
성 숙 해 진 다

나이 듦의 성장통

20대에는 욕망의 지배를, 30대에는 이해타산, 40대에는 분별력의 지배를 받는다.
그리고 그 나이를 지나면 지혜로운 경험의 지배를 받는다.

__ 발타자르 그라시안

누구나 살면서 세 번의 큰 변화의 시기를 겪는다고 한다. '사춘기', '중년', '죽을 무렵'이 바로 그것으로, 이 시기를 지혜롭게 극복하면 한 단계 더 성장할 수 있다. 더 크고 단단한 내가 되기 위한 통과의례이자 성장통인 셈이다.

세 시기 중 가장 중요한 때는 두말할 것도 없이 '중년'이다. 사춘기는 자아 정체성이 채 확립되지 않았을뿐더러 아직 어려서 도와주는 사람이 많고, 죽음을 앞뒀을 때는 삶을 정리해야 하는 때인 만큼 과거와 현재에만 충실하면 된다. 하지만 중년은 자신의 내면과 정면으로 마주해서 스스로 문제를 해결해야 할 뿐만 아니라 그에 따라 남은 절반의 인생이 결정되는 만큼 매우 중요하다.

나 역시 나이 듦의 성장통을 한창 겪는 중이다. 단단하리라고 생각했던 마음이 언제부터인가 부쩍 약해졌고, '나를 위해서 살지 못했다'라는 회의가 들기 시작했다. 또한, 부모님과 동생, 어렸을 때 친구 생각이 무시로 나서 마음을 흔들고, 갑자기 변한 입맛에 놀라기도 한다. 어린 시절 사진을 들여다보고, 그 시절에 유행했던 음악을 찾아서 들으며 향수를 느낄 때도 있다. 고루하다고만 여겼던 고전과 어른들의 말씀에서 뒤늦은 깨달음을 얻기도 한다.

내게는 두 살 터울의 남동생이 있다. 사회에서 두 살이면 친구가 되어 흉물 떨지 않고 편히 지내기도 하지만, 형제 사이에는 차마 그럴 수 없다. 태어날 때부터 형과 동생이라는 순서가 정해져 있다 보니, 평생 형을 따르는 순종적인 삶을 살아야 한다.

어린 시절, 또래 부모 대부분이 그랬듯이 내 부모 역시 삶을 대하는 태도가 매우 보수적이었다. 무엇보다도 '장남이 잘되어야지 집안이 잘된다'라는 말도 안 되는 유교 논리에 사로잡혀 있었다. 그러다 보니 새것과 좋은 것은 무조건 내게 주어졌고, 동생은 내가 입고 쓰던 것을 물려받아야만 했다. 맛있는 음식 역시 마찬가지였다. 내가 먼저 차지하고 나서야 동생에게 차례가 돌아갔다. 그렇게 뼛속까지 형이 먼저라는 그릇된 생각을 심으며 희생하게 했다.

문제는 나다. 꽤 오랜 세월이 흐를 때까지도 그것을 당연하게 생각했고, 동생이 실수라도 하면 도와주기보다는 '못났다'라며 손가락질하기 일쑤였다. 힘들어서 형에게 손을 내밀었지만, 위로받기는커녕 욕만 얻어들은 셈이다. 아마 그때 동생은 내가 마지막 희망이었을 것이다. 어린 시절부터 뼈에 사무치게 들어온 "형 힘들게 하지 마라"는 말 때문에 웬만해서는 손을 내밀지 않았기 때문이다. 그때는 그것을 몰랐다. "사기당했다"라는 말에 화부터 났고, 그런 일을 당한 동생이 한심하게만 보였다. 그런데도 동생은 단 한 번도 내게 대거리한 적이 없다.

지금까지 동생이 희생하고 참은 것을 다 알기에는 내 깜냥이 매우 부족하다. 대충 헤아릴 뿐이다. 그 역시 나이 듦에서 오는 철듦이라기보다는 자기만족에 가깝다. 더는 동생에게 미안해하지 않기 위해서, 더는 나쁜 사람으로 스스로 생각하지 않기 위해서 최소한의 미안함을 느끼는 것일 뿐이기 때문이다.

고백건대, 나는 형이었지만, 전혀 형답지 못했다. 동생이 힘들 때 따뜻한 위로의 말 한 번 제대로 한 적 없으며, 항상 주기보다는 받는 데만 익숙했다. 그런 것들이 지금은 무척 눈에 밟혀 마음이 아프고 무겁다. 만일 동생과 다시 형제로 태어난다면 그때는 내가 동생이 되었으면 한다. 그래서 지금까지 내가 누린 것과 동생이 희생하고 참은 것을 맞바꾸어 살고 싶다.

나이 들수록 삶의 경험과 지혜는 정점에 오르지만, 신체 기능은 점점 무너져 간다. 가족과 친구에 대한 그리움, 고향에 대한 향수, 하고 싶던 일을 하지 못했다는 자책감과 후회, 외로움, 자아 상실감 등 대부분 감정 역시 어둡기만 하다. 앞만 보며 열심히 살아왔지만, 결국 아무것도 남아 있지 않다는 회의감과 불만, 앞날에 관한 조바심 때문이다. 그럴수록 느끼는 것은 근심뿐이다. 하지만 이는 깨달음을 얻기 위한 통과의례라고 할 수 있다.

프랑스의 신경정신과 전문의인 크리스토프 포레Christophe Faure 박사는《마흔앓이Maintenant Ou Jamais! La Transition Du Milieu De Vie》에서 이렇게 말한다.

"마흔앓이를 하고 계시는군요. 하지만 누구나 겪을 수 있는 정상적인 성장 과정입니다. 사람은 태어나서 중년의 나이가 되기까지 외부 세계에 맞춰 삽니다. 가족과 사회 규범, 조직과 타인의 기대에 부응하며 살고 그 대가로 사랑과 안전을 보장받고 '나는 누구'라는 정체성을 형성하게 되죠. 하지만 나이가 들어 타인의 시선에 집착할 이유도, 외부 세계의 인정을 받고자 하는 갈망도 줄어들면 그동안 외면하고 억눌렀던 자기의 또 다른 면이 수면 위로 떠오르는 거죠."

그 결과, 나타나는 것이 바로 사추기다. 사추기는 이제까지의 삶에 의문을 품는 신호이자, 새로운 삶을 살기 위한 절규이기도 하다. 전문가들은 대략 38~45살 즈음을 '사추기'로 본다. 그때쯤이면 젊음의 상실감과 가정, 사회에 대한 불만, 현실에 대한 회의, 변화에 대한 갈망 등으로 내적 갈등과 큰 혼란을 겪기 때문이다. 사회적으로 성공했거나 실패했거나 큰 차이는 없다. 누구나 한 번쯤은 반드시 그 위기를 통과의례처럼 겪는다. 나이 듦의 성장통인 셈이다.

문제는 대부분 사람이 그것을 성장과 발전이 아닌 쇠퇴와 퇴보의 증후로 받아들인다는 것이다. 하지만 그것은 삶의 과정에서 마주하는 변화일 뿐이다. 따라서 마음가짐이 중요하다. 쇠퇴와 퇴보라고 생각하는 한 더는 앞을 향해 나아갈 수 없다.

우리는 그동안 엄청난 속도로 내달리는 세상에 맞춰 사느라 숨이 가쁜 것도 모른 채 헐떡이며 살았다. 그러면서도 정작 소중한 것에는 무관심했다. 하지만 이제는 달라져야만 한다. 어둡고 부정적인 감정의 소용돌이에서 벗어나 지나온 삶을 성찰하고, 변화를 원하는 내면과 정면으로 마주함으로써 인생의 진정한 의미를 깨달아야 한다.

생의 절반을 보낸 나는

가야 할 길을 잃고

어두컴컴한 숲속을 헤맸다.

거칠고 황량한 그 숲을

어찌 다 말로 표현할 수 있을까.

생각만 해도 두려움이 되살아난다.

___ 단테의 《신곡》 중에서

▶▶▶ 나이 듦의 성장통은 쇠퇴와 퇴보가 아닌 성장과 발전을 위한 과
정일 뿐이다. 우리 삶을 더 크고 단단하게 하기 위한 깨달음의 과정인 셈
이다. 따라서 힘들다고 해서 그것을 외면해서는 안 된다. 차분하고 침착
하게 받아들이고, 자신의 내면과 정면으로 마주하는 좋은 기회로 생각해
야 한다. 나아가 그동안 얻은 수많은 경험과 지혜를 기초로 지나온 삶을
성찰하고, 인생의 진정한 의미를 깨닫는 소중한 기회로 삼아야만 한다.

나이 든다는 것은
혼자가 된다는 것

인간에게 고독은 매우 중요하다. 평안과 만족을 얻으려면 그것이 꼭 필요하기 때문이다.
고독은 영혼의 갈증을 해소하는 샘물이자, 모든 경험으로부터 가장 가치 있는 것을 선택하게 하는
실험실과도 같다. 불미스러운 사건들 때문에 인생이 흔들릴 때 우리를 안정시키는 안식처이기도 하다.

__ 마거릿 밀러

나이 들면 외롭다. 특히 대부분 남자는 나이 들면 우주에 홀로 떨어진
아이처럼 깊은 고독과 외로움을 느낀다. 어떤 이는 그것을 감정적이고
이상적으로 사물을 파악하는 심리적 상태인 '낭만'이라는 표현을 빌려
다소 거창하게 말하기도 한다. 하지만 그것은 낭만이라고 불릴 만큼 그
렇게 아름답지도, 여유롭지도 않다.

우리는 나이 들수록 속내를 잘 드러내지 않는 데 매우 익숙하다. 그간
가족을 위해 웬만한 것쯤은 다 참고 살았기 때문이다. 하지만 감정을 쌓
아두는 것이야말로 더 큰 위기에 빠지는 지름길이다. 따라서 누가 되었
건 간에 불편한 감정을 털어놓는 것이 급선무다. 마음을 풀어놓을 사람
이 한 명쯤은 반드시 있어야 하는 이유다.

꽤 오래전 일이다. 우연히 TV 드라마를 보는데, 여주인공이 좋아하는
남자에게 시 한 편을 읊어주며 사랑을 속삭였다. 평소 교양 없다는 얘기

를 많이 듣던 터라, 자신도 나름 시쯤은 읽는 사람임을 그에게 알리고 싶은 것이었다.

> 믿었던 사람의 등을 보거나
> 사랑하는 이의 무관심에 다친 마음 펴지지 않을 때
> 섭섭함은 버리고 이 말을 생각해보라.
> 누구나 혼자이지 않은 사람은 없다.

> 두 번이나 세 번, 아니 그 이상으로 몇 번쯤 더 그렇게
> 마음속으로 중얼거려 보라.
> 실제로 누구나
> 혼자이지 않은 사람은 없다.

김재진 시인의 〈누구나 혼자이지 않은 사람은 없다〉라는 시다. 당시 시에 매료당했던 나는 그 즉시 서점에 가서 그 시집을 샀다. 무엇보다도 '누구나 혼자이지 않은 사람은 없다'라는 제목이 마음을 크게 흔들었다.

그때도 그렇지만, 지금도 여전히 그 제목이 우리 삶에 꼭 들어맞는다고 생각한다. 누구나 나이 들수록 혼자가 되기 때문이다. 그것을 프랑스 철학자이자 생물학자인 장 로스탕Jean Rostand은 이렇게 표현하기도 했다.

"어른이 된다는 것은 곧 혼자가 된다는 것이다."

이 말은 나이 들수록 외로움을 느낀다는 원초적인 뜻만을 얘기하는 것은 아니다. 나이 듦에 따라 오로지 자신만의 힘으로 참된 자아를 만들어야 하며, 자기 삶의 주인으로서 스스로 책임져야 한다는 뜻 역시 포함

하고 있기 때문이다.

영국 최고의 지성이자 정신분석학 및 심리학 분야에서 20세기 가장 탁월한 전문가의 한 사람으로 꼽히는 앤서니 스토Anthony Storr는《고독의 위로Solitude》에서 이렇게 말한 바 있다.

"인간은 누구나 자기 자신으로 돌아갔을 때, 자신을 있는 그대로 받아들일 수 있을 때 비로소 자신과 화해할 수 있다. 즉, 인생을 고독으로 다채롭게 채우는 사람만이 자신의 능력을 마음껏 펼칠 수 있다. 나아가 혼자 있는 능력을 알차게 키워낼 때 내면세계와 외부세계를 연결하는 다리 역시 튼튼해진다."

그에 의하면, 고독은 고통이 아닌 우리가 삶을 사는 데 있어 꼭 필요한 능력이다. 고독은 상처를 치유하고, 상실을 극복하며, 개개인을 창조적인 삶으로 이끄는 힘을 지니고 있기 때문이다. 또한, 두려움 없이 고독에 맞서는 것이야말로 이별과 죽음, 스트레스 등을 극복하고, 내면 가장 깊숙한 곳의 자신과 만나는 최고의 지름길이다. 실례로, 고대의 마지막 철학자이자 마지막 로마인으로 불리는 보이티우스Boethius는 고트족 왕 테오도리쿠스 마그누스의 감옥에서《철학의 위안The Consolation of Philosophy》을 썼다. 도덕적이고 양심적인 사람의 전형으로 알려진 토머스 모어Thomas More 역시 기독교 문학의 걸작으로 꼽히는《시련과 위안A dialog of comfort against tribulation》을 감옥에서 썼다.

이렇듯 고독은 세상으로부터 멀찍이 떨어져서 자기 자신을 객관적으로 바라보게 하고, 자기 자신에게 끊임없이 질문함으로써 반성과 새로운 기회를 만들기도 한다. 그 자체로 삶의 중요한 공부가 되는 것이다.

많은 이들이 외로움과 고독을 혼동하곤 한다. 얼핏 보면 외로움과 고독은 비슷한 것 같지만, 전혀 다른 의미를 지니고 있다. 외로움은 '혼자가 되어 적적하고 쓸쓸한 느낌'을 말하지만, 고독은 '홀로 있는 듯이 외롭고 쓸쓸함'을 뜻하기 때문이다. 즉, 외로움은 다른 사람과 단절된 상태로 스트레스를 유발하지만, 고독은 스스로 선택한 것이기에 삶에 활력을 준다.

'혼 밥', '혼 술'이라는 말이 언제부터인가 유행하고 있다. 중요한 것은 대부분 사람이 이를 부정적으로 받아들인 나머지 그런 사람을 보면 안쓰럽게 생각한다는 것이다. 과연 혼자 밥 먹고, 혼자 술 마시는 일이 측은지심을 불러일으킬 만큼 잘못된 일일까.

소극적인 성격과 개인적인 문제로 함께할 사람이 없기에 혼자서 밥 먹고 술 마실 수도 있지만, 혼자만의 여유와 시간을 즐기려고 일부러 그렇게 하는 사람도 있다. 또한 '혼 밥', '혼 술'은 자연스러운 사회 흐름이기도 하다. 따라서 그것을 안쓰럽게 생각하거나 부끄러워할 이유는 전혀 없다. 오히려 그 시간을 통해 자기를 돌아보고 성찰할 수도 있기 때문이다.

바쁘게 돌아가는 세상에서
우리 모두
좋은 본성과 너무도 오랫동안 떨어져 시들어가고,
일에 지치고, 쾌락에 진력이 났을 때,
고독은 얼마나 반갑고 고마운가.

고독의 기쁨을 표현한 영국의 국민 시인 윌리엄 워즈워스^{William Wordsworth}의 시다.

"인간의 불행은 고독할 줄 모르는 데서 온다"라는 말이 있듯이, 고독은 두려움이 아니라 능력이다. 따라서 그것을 겁낼 필요는 전혀 없다. 고독에 취약한 사람들일수록 자기 일을 스스로 처리하지 못하고 늘 다른 사람에게 의존한다. 이와 관련해서 사이토 다카시^{齋藤孝}는《혼자 있는 시간의 힘^{孤獨のチカラ}》에서 이렇게 말한 바 있다.

"요즘 사람들은 소속된 집단이나 가까운 친구가 없으면 자신을 낙오자로 여기며, 관계에 필요 이상으로 힘을 쏟는다. 외로움을 견디지 못하고 관계에 휘둘리는 사람은 평생 다른 사람의 기준에 끌려다닐 뿐이다. 사람은 혼자일 때 성장하기 때문이다."

▶▶▶ 나이 들수록 고독을 받아들여야만 한다. 또한, 나이 들수록 자신의 내면을 온전히 들여다볼 필요가 있다. 처음에는 다소 낯설겠지만, 혼자가 되는 것을 겸허히 받아들이다 보면 그것에서 위로받고 성장할 뿐만 아니라 진실한 자아와도 만날 수 있다.

나이 들수록
힘을 빼야 한다

가장 좋은 것은 물과 같은 것이다.
물은 만물을 이롭게 하면서도 다투지 않고, 많은 사람이 싫어하는 낮은 곳에 자리한다.
그러므로 도에 가장 가깝다.

__ 노자

캐나다의 인기 경영 컨설턴트이자《사막을 건너는 여섯 가지 방법Shifting
Sands》의 저자인 스티브 도너휴Steve Donahue는 20대 시절 사하라 사막을 40여
일 동안 여행한 경험이 있다. 그는 이때 낮에는 몹시 뜨겁게 내리쬐는 태
양 아래를 걷고, 밤에는 이가 맞부딪히는 극심한 추위를 겪는 인생의 양
극단을 체험했다고 한다.《사막을 건너는 여섯 가지 방법》은 그때의 경
험과 50여 년 동안 살면서 깨달은 점을 정리한 통찰의 기록이다.

그의 말 중 가장 눈길이 가는 것은 "모래에 갇히면 타이어에서 바람을
빼라"라는 것이다. 타이어의 공기를 빼면 그 표면이 넓어져 모래 늪에서
쉽게 탈출할 수 있기 때문이다.

우리 삶 역시 때때로 모래 늪 같은 곳에 빠지곤 한다. 그때마다 대부분
사람은 무조건 가속페달만 밟은 채 거기서 빠져나오려고 한다. 그럴수록
모래 늪 깊숙이 빠진다는 걸 모른 채 말이다. 하지만 그것은 사막이 아닌

일반 도로에서만 유용한 방법이다. 사막에서는 그 방법이 전혀 먹히지 않는다. 마찬가지로 삶이 위기에 처했을 때나 정점에서 내려와 다른 길을 갈 때 역시 평상시와는 삶의 전략이 필요하다. 즉, 세상을 보는 자신의 관점을 바꿔야 한다.

스티브 도너휴는 예전에 효과가 있었던 방법이 더는 먹히지 않으면 그 자리에 잠시 멈춰 서서 자신의 공기를 빼라고 말한다. 자신은 완벽하지 않은 존재임을 받아들이고, 겸허해지라는 것이다.

개인사업을 하던 친구가 얼마 전 처음으로 정신건강의학과를 찾았다. 무기력해서 일이 손에 잡히지 않을뿐더러 잠도 잘 오지 않았기 때문이다. 그 얘기를 하자마자 의사는 단번에 중년에 흔히 나타나는 우울증 증상이라고 했다. 그러면서 그 치료법으로 '몸에서 힘을 뺄 것'을 처방했다. 젊을 때처럼 죽기 살기로 살 필요 없다는 것이다.

아닌 게 아니라 친구는 완벽한 일 처리에 인간관계까지 두루두루 좋았다. 또한, 누구보다도 가정적이었다. 그렇게 되기까지 친구는 정말 열심히 살았다. 혹시라도 사업이 잘못될까 싶어 항상 긴장했고, 일과 관련해서 만나는 사람들은 항상 진심으로 대했다. 그런데 그것이 마음의 병을 부른 것이다.

그 후 친구는 그때까지의 삶을 완전히 바꿨다. 무슨 일이건 '천천히' 하면서 힘을 뺐고, 다른 사람들의 시선쯤은 신경 쓰지 않았다. 그러자 얼굴색부터가 확 바뀌었다. 그래서인지 지금이 예전보다 훨씬 행복하다고 한다.

현재 일본에서 가장 신뢰받는 철학자인 우치다 타츠루內田樹 고베여학

원대학 명예교수는 대학에서 문학을 가르치는 한편 무도와 철학을 위한 배움터를 열어 문무를 함께 단련하는 독특한 이력의 소유자이다. 그는 "어깨에 힘을 조금 빼는 것만으로도 삶이 한결 유연해지고 자유로워진다"라고 말한다.

"지칠 때 솔직하게 "아, 너무 힘들다"라고 말하고 적절히 넘길 줄 아는 것은 살아가는 데 있어 아주 중요한 태도입니다. 지친다는 것은 건강하다는 증거입니다. 아프다는 것은 살아 있다는 증거입니다. 지겹다는 것은 활동적이라는 증명입니다. 그러나 '한 단계 위의 자신'에 도취해 있으면 몸과 마음이 비명을 지를 만큼 아파도 좀처럼 쉬지 못합니다. 지쳐서 멈춰 서기라도 하면 나약한 자신을 탓합니다. 그것은 자신의 몸에도, 정신에도, 가혹한 일입니다. 자신의 가능성을 최대화하기 위해서는 자신의 가능성에 한계가 있다는 사실을 알아야 합니다."

＿우치다 타츠루, 《힘만 조금 뺐을 뿐인데》 중에서

운동선수들이 귀에 딱지가 앉도록 듣는 말이 있다. "몸에서 힘 좀 빼라"라는 말이다. 하지만 말이 쉽지, 누구나 힘을 뺄 수 있는 것은 아니다. 힘 빼는 데 최소한 3년은 걸린다는 말이 있는 걸 보면 그것이 얼마나 어려운지 알 수 있다.

몸에 힘이 들어가는 이유는 욕심 때문이다. 힘을 주면 더 좋은 기록이 나올 것으로 생각하는 것이다. 그러다 보니 자신도 모르는 사이에 몸에 힘이 들어간다. 하지만 그것은 착각에 불과하다. 힘을 줄수록 어깨와 근육이 경직되어 자기 실력을 온전히 발휘할 수 없다. 따라서 어떤 운동이

건 힘이 들어가면 결과가 좋지 않기 마련이다.

우리 인생에서도 힘 빼기는 매우 중요하다. 의욕이 앞선 나머지 경험만 믿고 함부로 덤볐다가는 망신만 당하기에 십상이다. 스티브 도너휴의 말마따나 자신은 완벽하지 않은 존재임을 받아들이고 겸허해져야만 한다.

누구나 자신이 세상에서 제일 잘난 사람인 듯 쓸데없이 객기를 부린 경험이 한두 번쯤 있을 것이다. 젊을 때는 그것을 호기로 받아들일 수 있다. 하지만 나이 들어서도 여전히 그런 일을 반복하면 '꼰대' 소리 듣기에 십상이다.

평생을 떠돌이 노동자로 살며 독서와 사색만으로 독자적인 사상을 구축해 세계적인 사상가 반열에 오른 미국의 철학자 에릭 호퍼^{Eric Hoffer}에 의하면 "끊임없이 행동하려는 성향은 내면의 불균형을 나타내는 징후"라고 한다. 즉, 내면의 공허함을 채우기 위해 분주한 삶을 산다는 것이다. 그것이 욕심의 시작이자, 몸에서 힘을 빼지 못하는 이유다.

힘쓸 때와 힘을 뺄 때를 잘 알아야 한다. 말로는 '다 내려놓았다'라며 입버릇처럼 말하면서도 여전히 욕심에 사로잡혀 있는 사람이 적지 않다. 그만큼 힘 빼는 것은 어려운 일이다.

▶▶▶ 나이 들수록 몸에서 힘을 빼야 한다. 힘이 들어가면 삶이 경직되기 때문이다. 그렇게 되면 생각과 사고가 고정관념에 사로잡혀 상황에 맞춰 잘 대처할 수 없다. 대부분 그것을 경험으로 일지만, 그렇지 않은 사람도 의외로 적지 않다. 경험이 부족해서 그것을 깨닫지 못할 수도 있고, 못난 자존심에 오기 부리는 것일 수도 있다.

물 흘러가듯 몸에서 힘을 빼고 살아야 한다. 세찬 물은 언젠가는 도랑에서 넘쳐흘러 다른 곳으로 새기 마련이다. 장애물이 있으면 돌아가고, 막혔으면 고였다가 다시 흘러야 한다. 그래야만 제 길을 올바로 찾을 수 있다.

나이 들수록
내려놓을 줄 알아야 한다

왜 우리는 성공하기 위해서 그처럼 필사적이며, 그렇게 필사적으로 일하는 것일까?
어떤 이가 동료와 보조를 맞추지 않는 이유는 그가 그들과는 다른 사람의 북소리를 듣고 있기 때문이다.
그 북소리가 어떤 박자를 갖고 있건 간에 자기가 듣는 음악에 보조를 맞추도록 내버려 두어라.
왜 그가 남들과 보조를 맞추기 위해 자신의 봄을 여름으로 바꾸어야 한다는 말인가?

__ 헨리 데이비드 소로

"내가 숲속으로 들어간 것은 인생을 제대로 살기 위해서였다. 즉, 인생의 본질에만 집중해서 인생의 가르침을 배우기 위한 것으로, 죽음을 맞이했을 때 '내가 헛된 삶을 살았구나'라고 뉘우치는 일이 없도록 하기 위해서였다."

물질세계의 풍요와 혜택에서 벗어나 자연과 함께 사는 행복한 인간의 모습을 가장 잘 묘사한 작품으로 알려진《월든Walden》의 저자 헨리 데이비드 소로Henry David Thoreau의 말이다.

《월든》을 통해 우리는 어디에도 얽매이지 않으려고 했던 자연인 소로의 삶과 철학을 엿볼 수 있다.

28세 되던 해 월든 호숫가에 작은 통나무집을 한 채 지은 후 2년 2개월 동안 그곳에서 생활하며 문명사회의 풍요와 더 많은 것을 가지려는 사람들의 욕심을 비판한 소로. 사실 그는 하버드 출신으로 마음만 먹으면 누구보다도 더 편안하고 풍족한 삶을 살 수 있었다. 하지만 아득바득 성공하려는 세상과 사람들의 지나친 소유욕이 몹시 싫어서 죽는 날까지 그럴듯한 직업 한 번 가진 적 없이 임시교사, 목수 등의 직업을 전전하며 가난한 삶을 살았다. 그런데도 하버드의 '자랑스러운 졸업생 이름'에서 단 한 번도 빠진 적이 없다. 비록 생활은 가난했지만, 정신만은 누구보다도 더 풍요로웠기 때문이다.

소로의 그런 삶과 정신은 수많은 사람에게 깊은 깨달음을 주었다. 무소유의 삶을 실천한 법정 스님을 비롯해 러시아의 대문호 레프 톨스토이Lev Tolstoy, 인도의 국부 마하트마 간디Mahatma Gandhi, 미국의 인권운동가 마틴 루터 킹Martin Luther King 목사, 넬슨 만델라Nelson Mandela 남아공 전 대통령 등등···. 특히 법정 스님은 《월든》을 머리맡에 항상 두고 지내며 그와 같은 무소유의 삶을 살고자 했을 뿐만 아니라 생전에 월든 호수를 몇 차례 방문하기도 했다.

"월든에 다녀왔다. 헨리 데이비드 소로가 호숫가 숲속에 오두막을 짓고 살았던 그리움의 터, 그 월든에 다녀왔다. 미국 매사추세츠주 콩코드 근교에 있는 월든 호반은 10월 말 단풍이 한창이었다. 맑은 호수에 비친 현란한 단풍을 대하자 다섯 시간 남짓 달려온 찻길의 피로도 말끔히 가셨다. 《월든》을 읽으면서 상상의 날개를 펼쳤던 그 현장에 다다르니 정든 집 문전에 섰을 때처럼 설레었다. 늦가을 오후의 햇살을 받은 호수는 아주 평화로웠다."

___ **법정 스님, 《아름다운 마무리》 중에서**

모든 사람이 소로나 법정 스님처럼 살 수는 없다. 물질 사회의 편안함과 그것이 주는 풍요로움에 익숙할 대로 익숙해졌을뿐더러 책임져야 할 일 역시 만만치 않기 때문이다. 그러면서 이렇게 다짐하곤 한다.

'이 일만 해결하고 나면 나도 내 마음대로 살 거야.'

그 이유는 물질 사회의 불공정함과 차별, 어렵고 복잡한 인간관계에 지쳤기 때문이다. 그러다 보니 즐겁고 행복하기보다 고민하고 괴로워하는 날이 훨씬 많다. 끊임없이 바쁜 일상과 나를 지켜보는 사람들의 막연한 기대, 성공에 대한 부담, 가족에 대한 책임감 등 어느 것 하나 마음을 무겁게 누르지 않는 것이 없다. 문제는 그것을 드러내놓고 말할 수 없다는 것이다. 다른 사람, 특히 나와 가까운 사람들을 실망하게 하거나 무책임하다는 얘기를 듣고 싶지 않기 때문이다. 우리 아버지의 아버지가 그랬고, 아버지 역시 그랬다. 그러니 우리 역시 당연히 그래야만 하는 줄로 안다. 그 결과, 힘들어도 아득바득 살 수밖에 없다. 그로 인해 과연 뭘 얻었을까.

국내를 넘어 세계적인 스타 반열에 오른 방탄소년단의 '낙원'이라는 노래가 있다. 많은 이들이 그 노래에서 큰 힘을 얻었다고 한다. 심지어 어떤 사람은 그 노래를 듣고 자신도 모르게 눈물이 났다고도 한다. 그 이유는 '멈춰서도 괜찮아. 아무 이유도 모르는 채 달릴 필요 없어. 꿈이 없어도 괜찮아. 잠시 행복을 느낄 네 순간이 있다면~'이라는 가사가 마치 자기 이야기와도 같았기 때문이다. 목적도 모른 채 무조건 앞만 보며 달리던 자신에게 그것은 더 없는 위로였던 셈이다.

물질과 성공 지향적인 삶을 비난하려는 것은 아니다. 그것은 인간이라면 누구나 갖는 원초적인 욕망이기 때문이다. 그렇다고 해서 자기 일에 최선을 다하지 말라는 뜻은 더욱더 아니다. 최선을 다하되, 자기 일에서 행복을 느껴야 한다는 것이다. 더 많이 가졌다고 해서, 성공했다고 해서 반드시 행복한 것은 아니기 때문이다. 그런 우리를 향해 소로는 이렇게 충고한다.

"밥벌이를 그대의 직업으로 삼지 말고 취미로 삼아라. 대지를 즐기되 소유하려고 하지 마라. 진취성과 신념이 없기에 사람들은 그들이 지금 있는 곳에서 노예처럼 사는 것이다."

어린 시절, 아버지가 어깨가 축 처진 채 집에 돌아오는 일이 간혹 있었다. 그런 날이면 아버지는 말씀이 별로 없으셨다. 철없던 그 시절에는 '그저 그런가 보다'라며 아무 생각 없이 내 일에만 신경 썼다. 하지만 이제 내가 그때의 아버지 나이가 되고 보니, 아버지의 마음을 조금은 알 것 같다.

그때 아버지 역시 분명 지치고 힘들었을 것이다. 그래서 무거운 짐을 잠시라도 내려놓고 싶었을 테지만, 어린 자식의 얼굴을 보고 매번 마음을 다잡았으리라. 그런 마음을 짐작도 하지 못한 채 무신경했던 내게 지금은 매우 화가 난다. 만일 그때로 다시 돌아간다면 아버지에게 이렇게 말하고 싶다.

"아버지, 너무 애쓰지 마세요."

▶▶▶ 나이가 들수록 행복해야 한다. 그런데 그런 바람과는 달리 나이 들수록 고민의 무게가 점점 마음을 무겁게 짓누르는 것이 현실이다. 책

임질 일이 그만큼 많아지기 때문이다. 그러다 보면 마음의 평온함을 찾기가 더 쉽지 않다. 행복이 옆에 있어도 발견하지 못하는 이유다.

너무 애쓰며, 아득바득 살 필요 없다. 성공하기 위해 필사적으로 매달리기보다는 순간순간이 행복한 삶을 살아야 한다. 성공해도 행복하지 않으면 그것을 위해서 쓴 시간과 노력은 무용지물이나 마찬가지이기 때문이다. 성공하기 위해서 필사적으로 노력했지만, 자신이 원하는 결과를 이루지 못한 모습을 생각해보라. 모든 것을 포기한 채 오직 거기에만 매달렸는데도 결과가 만족스럽지 않다면 허탈함을 넘어 비참함마저 들 것이다.

나이 들수록
삶의 탈출구가 있어야 한다

이 세상에서 가장 무서운 것은 가난도 걱정도 병도 슬픔도 아니다.
그것은 다름 아닌 삶에 권태를 느끼는 것이다.

__ 마키아벨리

대부분 사람이 나이 들면서 큰 변화를 겪는다. 무작정 앞만 보며 열심히 달려왔는데, 갑자기 잘 달려온 것인지, 앞으로도 이렇게 달리는 것이 가능한지, 이런 삶이 과연 내가 바라는 삶이었는지, 돈 버는 기계로만 살아온 것은 아닌지, 라는 실존적 불안과 의문이 시도 때도 없이 고개를 쳐들기 때문이다. 그래서 중년을 '사추기'라고 부르기도 한다. 인생의 봄에 해당하는 청소년기에 찾아오는 '사춘기'에 빗댄 말이다. 실제로 이때는 사춘기처럼 신체·정신·환경적 변화가 한꺼번에 몰려오기에 몹시 심한 혼란을 겪기도 한다.

미국의 심리학자 짐 콘웨이Jim Conway 박사의 《중년의 위기Midlife Dimensions》를 보면 중년 남편의 위기를 묘사한 어느 미국인 아내의 이야기가 나온다.

"내가 보기에 남편은 무너지고 있거나 미치는 중이다. 남편은 늘 믿음직스럽고 충만하고 견고한 사람이었다. 유머 감각도 뛰어나고 의무감도 있었다. 그런 남편이 지난 몇 달 동안 갑자기 크게 변했다. 반항과 공격밖에 모른다. 결혼에 반항하고, 내게 반항하고, 자기 직업에 반항한다. 제멋대로고 다루기 힘들고 막무가내다. 한마디로 통제 불능이다."

믿음직스럽던 남편의 갑작스러운 변화에 깜짝 놀랐을 그의 아내의 모습이 눈에 선하다. 하지만 그것은 비단 남자만 겪는 문제는 아니다. 여자들 역시 중년이 되면 수많은 변화와 위기를 겪기 때문이다. 특히 '갱년기' 몸의 변화는 많은 여성을 심한 우울증에 빠지게 하는 것은 물론 정체성의 혼란을 겪게 한다. 그뿐만 아니라 그때쯤 되면 공들여 키운 자식들은 곁을 떠나고, 남편과도 서먹서먹해지기 일쑤다. 그 모습이 빈 둥지에 혼자 남겨진 어미 새와도 같다고 해서 '빈 둥지 증후군Empty Nest Syndrome'이라고도 한다.

문제는 중년의 이런 위기와 걱정, 외로움이 사회생활의 불안과 실패로 이어진다는 것이다. 따라서 거기에 이르기 전에 위기에서 벗어나는 솔로몬의 지혜를 찾아야 한다. 가장 좋은 방법은 위기에서 빠져나오는 자신만의 비장의 무기를 갖는 것이다.

친구 한 명이 얼마 전부터 갑자기 서예를 시작했다. 매우 활동적인 성격과는 상반된 선택이었기에 조금 놀랐지만, 꼭 해보고 싶은 일 중 하나였다는 말에 곧 수긍했다. 친구의 버킷리스트 중 하나였기 때문이다.

친구는 이렇게 말했다.

"나 우울증이래. 의사가 그러더라. 하고 싶었던 일 있으면 꼭 해보라고. 그래서 붓 통 들고 다니면서 어린아이들과 함께 한일자부터 열심히 그리고 있다."

갑작스러운 말에 깜짝 놀란 것도 잠시, 문득 이런 생각이 들었다. 내가 친구들에게 보이는 모습이 본래의 내가 아니듯이, 내가 아는 친구의 모습 역시 그의 본모습이 아닐 수도 있다는 것을. 내가 변했듯이 친구도 변했을 것이라는 생각은 미처 하지 못했다. 그도 그럴 것이 지금 우리는 마흔을 한참 넘어 쉰을 바라보는 나이이니, 거의 반백의 세월을 살았다고 할 수 있다. 그러니 얼마나 삶에 이리저리 부딪히고 치이면서 닳고 깨지며 많이 변했겠는가.

친구는 서예를 하면서 다행히 마음의 안정을 찾았다고 했다. 그러면서 내 걱정을 했다. 자신처럼 우울증에 빠지지 않으려면 단단히 대비하라는 것이었다.

그러고 보니 나 역시 점점 혼자가 되어 간다. 퇴근 후 집에 불이 켜져 있는 날보다 불이 꺼진 날이 훨씬 많다. 그것을 아파트 입구에서 보고 있자면 마음이 꽉 막히면서 많은 생각을 하게 된다. 그대로 들어가야 할지, 다른 곳에라도 들러서 복잡한 마음을 푼 후 들어가야 할지 고민되기 때문이다.

미국 아이다호주에 마흔을 갓 넘은 가톨릭 사제가 있었다. 15년 동안 그는 비교적 큰 교구의 사제로 열심히 일하며 성공적이고 만족스러운 삶을 살았다. 그런데 어느 날 갑자기 위기가 찾아왔다. 모든 것이 잘못되었다는 생각이 들었다. 사제로서의 소명도 싸늘하게 식었을 뿐만 아니라 난생처음 외롭다는 생각도 들었다. 그러자 즐거움으로 임했던 기도가 부담스러운 일거리가 되었으며, 눈앞에서 일어나는 상황도 못 본 척하며 눈감아 버렸다. 결정을 내려도 바보 같은 짓만 반복했다. 한마디로 중년의 위기였다.

　결국, 그는 모든 일을 중단하고, 태평양이 내려다보이는 어느 산 높은 곳에 자리 잡은 조그만 오두막으로 도망쳤다. 요컨대, 모든 것을 멈추고 정지시킨 셈이었다. 이 멈춤으로 그는 결국 사제복을 벗고 다시 공부해서 심리치료사가 되었다. '멈춤' 전도사 데이비드 쿤디츠David J. Kundtz의 이야기이다.

> "단 1초라도 좋으니, 순간 정지하라. 하던 일을 멈추고, 앉아 있든 서 있든, 눈을 뜨든 감든, 심호흡하고, 정신을 집중하고, 기억해야 할 것을 기억하라. 휴식시간에는 완전히 일을 잊어라. 일하면서도 걸을 수 있다면 걸어라. 출퇴근 시간은 멈춤의 황금시간이다. 뉴스 따위는 듣지 말고, 넥타이를 풀고, 마음을 편하게 하는 음악을 들어라. 할 수 있다면 긴 여행이 좋지만, 그게 불가능하다면 짧은 여행이라도 떠나 홀로 있는 시간을 가져라. 일생에 한두 차례 찾아오는 삶의 위기에서는 아예 한 달쯤 일에서 떠나 있는 것도 좋은 방법이다."
>
> ＿ 데이비드 J. 쿤디츠, 《멈춤Stopping》 중에서

　'나이 들어가는 남자들이 진정 원하는 것은 무엇인가?'라는 질문을 화두 삼아 중년 남성의 심리를 집중적으로 연구한 심리 전문가 존 로빈슨John C.Robinson 박사는 《남자답게 나이 드는 법What Aging Men Want》에서 경쟁과 성과가 우선시되는 전쟁 같은 삶에 지친 중년 남성에게 젊은 시절을 추억하며 살아가는 '한물간 전사'가 아니라 상처 입은 몸과 마음을 치유하여 진정한 어른으로 살 것을 권한다.

그 시작은 다음 질문이다. 아울러 이는 중년 남성뿐만 아니라 중년 여성에게도 해당하는 질문이기도 하다.

'나는 누구인가? 나는 지금 어디를 향해 가고 있는가?'

▶▶▶ 중년의 위기를 무시하거나 거부해서는 안 된다. 그렇게 되면 더 심각한 위기에 직면할 수도 있다. 현실을 직시하고, 자신에게 맞는 탈출구를 하나쯤 찾아야 한다. 악기 연주 건, 운동이건, 독서 건, 영화 및 음악 감상이건, 동호회 활동이건 상관없다. 자신이 좋아하고 즐길 수 있는 일을 택해서 마음의 쌓인 때를 벗겨내야 한다. 또한, 위기를 자신과 주변을 되돌아보는 기회로 삼아 삶에서 불필요한 것들을 없애고, 그동안 쌓은 경험과 지식을 활용해서 제2의 삶을 준비하는 노력이 필요하다.

나이 들면
버려야 할 것, 붙잡아야 할 것

내면의 나침반에 따라 살 때 인생의 참뜻에 성큼 다가선다.

__ 앤드루 매슈스

"내려가야 할 때 잘 내려가고 싶다. 더는 욕심내지 않고, 나를 밟고 올라가는 이들의 든든한 버팀목이 되고 싶다."

직장 다닐 때 한 선배가 했던 말이다. 은퇴와는 거리가 한참 멀 때였고, 모든 것이 자신만만하고 걱정이 없었던 때라 '그저 좋은 말' 정도로만 생각하고 넘어갔다. 그런데 얼마 전에 그와 똑같은 말을 누군가에게 다시 듣게 되었다. 똑같은 말이었지만, 그때는 뭔가가 머리를 강하게 때리는 듯했다.

나이 들수록 삶의 전진을 방해하는 욕심과 쓸데없는 집착은 버려야만 한다. 그래야만 더는 불안하거나 헤매지 않고 원하는 삶의 방향을 향해 나아갈 수 있다.

직장 생활을 하기 전까지만 해도 나는 술을 전혀 하지 못했다. 한 잔만 마셔도 얼굴이 붉콰해질 정도여서 스스로 술과 인연이 없다고 생각했다. 주위에 술 마시는 사람이 없었던 영향도 있다. 그런데 직장에 다니면서 술을 한 잔 두 잔 마시기 시작했다. 술맛을 알아서가 아니다. 지금도 그렇지만 그때도 술은 내게 그저 쓴 물에 지나지 않았다. 다만, 외로움을 떨치기에는 그만한 것이 없었다. 운동하자니 하다 보면 되레 스트레스받아서 싫었고, 동호회 활동을 하기에는 낯을 많이 가렸다. 술이 그나마 나았다.

속이 깎이는 아픔을 겪는 동안 주량은 점점 늘어갔다. 말 역시 부쩍 많아졌다. 그러자 평소에 사이가 그리 두텁지 않아서 거리를 두던 친구들과도 만나는 횟수가 점점 늘었다. 그때마다 우리는 시답잖은 얘기를 하며 서먹함을 없애고, 그리 오래가지 않을 의리와 우정을 말하며 웃곤 했다.

지금은 술을 거의 마시지 않는다. 모임 역시 뜸해졌다. 나이 들면서 대부분 친구가 제자리로 돌아갔기 때문이다. 그렇게 된 데는 각자 나름의 사정이 있을 것이다. 하지만 누구도 그걸 굳이 묻지는 않았다. 이심전심으로 다 알기 때문이다. 물론 그렇지 않은 친구도 더러 있기는 하다. 그들은 아직도 한창때인 듯 두주불사를 자랑하며 예전 같지 않아서 섭섭하다고 하곤 한다.

수많은 강연과 책을 통해 삶의 문제로 고민하는 이들에게 명쾌한 해법을 제시해온 법륜스님은《인생수업》에서 그런 이들에게 이렇게 충고한다.

"어릴 때 우정으로 뭉쳤던 친구들도 세월이 가면 자기 살기 바빠서 흩어지기 마련입니다. … 어릴 때는 떨어져 살 거라고 상상을 못 했던 형제도 나이가 들면 뿔뿔이 흩어집니다. … 이런 변화는 자신이 몸담은 울타리가 달라지면서 생기는 것이니까 자연스럽게 받아들여야 합니다. 그런데 옛 기억 속에서만 머물며 '그때가 좋았다'라고 집착하기 때문에 변화를 못 받아들이고 혼자 괴로워하는 겁니다. 그러니까 친구들이 나쁘고 의리가 없는 게 아니라 내가 아직 어린애 같은 생각을 하고 있다는 걸 알아야 합니다."

아프리카의 한 부족은 매우 독특한 방법으로 원숭이 사냥을 한다. 그들은 원숭이가 손바닥을 폈을 때 겨우 들어갈 만큼 입구가 작은 구멍을 나무에 뚫거나, 그와 비슷한 구멍을 입구에 낸 항아리를 원숭이가 자주 다니는 길목에 놓아둔다. 그리고 그 안에 원숭이가 좋아하는 바나나를 넣어두고 원숭이가 나타나기를 기다린다. 아니나 다를까 길을 가다가 그것을 발견한 원숭이는 손을 넣어 바나나를 움켜쥐기 일쑤다. 곧 맛있는 과일을 먹을 일을 상상하면서 말이다. 하지만 그런 달콤한 상상과는 달리, 원숭이는 결국 과일을 먹을 수 없다. 바나나를 움켜쥔 손을 구멍에서 빼내기가 쉽지 않기 때문이다. 움켜쥔 주먹만 펴면 얼마든지 거기서 쉽게 빠져나올 수 있지만, 바나나에 대한 미련을 끝까지 버리지 못한 채 부족에게 산 채로 잡히고 마는 것이다. 지나친 욕심으로 인해 스스로 인간에게 생포 당하는 셈이다.

주위를 살펴보면 지나친 욕심과 집착 때문에 힘들게 쌓아온 것을 모두 잃는 사람들을 간혹 볼 수 있다. 그때마다 나는 자기 능력에 맞게 사는 것이야말로 행복의 가장 큰 비결이라며 스스로 위로하곤 한다.

동양에서 가장 오래된 유교 경전으로 공자孔子가 노년에 심취했던 《주역周易》을 보면 '물극필반物極必反'의 원리가 있다. '사물은 극에 달하면 반드시 되돌아오게 된다'라는 뜻으로, 모든 일에 지나치게 욕심부리거나 집 착해서는 안 된다는 말이다.

'인생사 새옹지마'라는 말도 있다. '인생의 길흉화복은 변화가 많 아 예측하기 어렵다'라는 뜻이다. 오르막이 있으면 내리막이 있고, 바닥 을 치면 다시 오르게 되어 있다. 따라서 인생을 길게 보고 일희일비하지 않아야 한다.

누구나 살면서 길을 잃고 방황하거나 헤맬 때가 가끔 있다. 길을 잃지 않았는데도 길을 잃었다고 느껴질 때도 있다. 자신의 선택에 자신 없거 나 그것이 만족스럽지 않을 때 그런 일이 자주 일어난다. 그럴 때는 잠 시 멈춰 서서 자신에게 묻고, 내면의 소리에 귀 기울여야 한다. 삶의 의 미를 아는 사람은 어떤 길에서도 흔들리지 않는다. 설령, 잠시 길을 잃 고 헤매더라도 곧 제자리를 찾는다.

삶은 각자가 부여한 삶의 의미를 찾아가는 여행과도 같다. 그 과정에 서 우리는 수많은 길과 마주하며, 선택의 갈림길에 서곤 한다. 그때마다 우리는 자신에게 어디로 가야 할지 묻고, 내면의 소리에 귀 기울여야 한 다. 그래야만 올바른 길에 들어설 수 있기 때문이다.

나이 들수록 돈이나 명예보다는 나를 찾아야만 한다. 세상에는 스스 로 불행해지는 방법이 여러 가지가 있다. 돈이나 명예에 집착하는 것 역 시 그중 하나다. 돈이나 명예에 집착하게 되면 내 삶이 아닌 남에게 보 여주고 인정받기 위한 수동적인 삶을 살 가능성이 크다. 그렇게 되면 목 표를 완성해도 절대 행복할 수 없다. 성공한 사람 중 머릿속에 행복이라 는 단어가 자꾸 맴도는 사람은 바로 그런 이유 때문이다. 따라서 나이 들수록 누군가에게 보여주고, 인정받는 삶이 아닌, 내가 행복한 삶을 살아야 한다.

삶은 깨달음과 변화의 연속이다. 초등 입맛이던 내가 어른 입맛으로 변하고, 자신을 희생하고 산 동생에게 속죄하리라고는 예전에는 미처 생각하지 못했다. 친구와의 소원함을 서운하게 생각하지 않는 이유 역시 마찬가지다. 서로 말하지 않아도 이제는 이해할 수 있는 나이가 되었다.

▶▶▶ 나이 들수록 오만과 편견, 독선, 욕심을 버리고, 그 자리를 겸손과 사랑, 양보, 만족으로 채워야 한다. 오만과 편견, 독선, 욕심은 인생의 내리막길에서 봐야 할 것을 볼 수 없게 하기 때문이다. 그렇게 되면 행복 역시 멀어진다.

인생은 내리막길에서
훨씬 성숙해진다

바다와 강이 수백 개의 산골짜기와 물줄기에 복종하는 이유는 항상 낮은 곳에 있기 때문이다.
따라서 다른 사람들보다 높은 곳에 있기를 바란다면 그들보다 아래에 있고,
그들보다 앞서기를 바란다면 그들 뒤에 위치하라.

_ 공자

미국 독립선언서 초안을 작성한 벤저민 프랭클린Benjamin Franklin이 젊은 시절 겪은 일이다.

이웃집에 들러서 급한 일을 마치고 밖으로 나가려는 순간, 누군가가 다급하게 외치는 소리가 들려왔다.

"머리를 숙여요!"

그러나 이미 이마를 문지방에 부딪친 후였다. 잠시 후 별이 번쩍거리는 고통 속에서 한 노인의 점잖은 충고가 들려왔다.

"젊은이, 자네가 세상을 살아갈 때 머리를 자주 숙이면 숙일수록 그만큼 위험한 일을 모면할 수 있을 것일세."

그때부터 프랭클린은 그 노인의 말을 평생 교훈으로 삼았다.

뛰어난 사람과 어리석은 사람을 구분하는 가장 확실한 방법은 겸손함에 있다. 뛰어난 사람일수록 항상 자신을 낮춤으로써 많은 사람의 존경

을 받는다. 하지만 어리석은 사람은 자만하고 오만하기 그지없다. 고개를 빳빳이 세운 채 모든 공을 독점하려고 하기 때문이다.

예나 지금이나 진정으로 용기 있는 사람만이 겸손할 수 있다. 겸손은 자기를 낮추는 것이 아니라 자기를 세우는 것이기 때문이다.

《삼국지三國志》를 보면 일세를 풍미했던 영웅호걸들이 즐비하다. 하지만 그중에서도《삼국지》의 실제 주인공은 단연 제갈량諸葛亮이라는 데 이의를 제기하는 사람은 별로 없을 것이다. 그만큼 제갈량의 뛰어나고 신묘한 전술과 전략은 사람들의 마음을 휘어잡았다. 한마디로 그는 뛰어난 지략가였을 뿐만 아니라 의리를 목숨처럼 중시하였고, 평생을 성실한 인간성으로 살았던 군자 중의 군자였다.

제갈량은 유비劉備와 관우關羽, 장비張飛가 죽은 후 마지막 힘을 모아 위나라를 총공격한다. 하지만 그것은 모험에 가까웠다. 당시 위나라와 촉나라의 군사력을 객관적으로 비교했을 때 6대 1 정도로 촉나라가 절대 열세였기 때문이다. 제갈량 역시 이 사실을 모를 리 없었다. 하지만 그는 한나라 부흥이라는 유비와의 생전 약속을 반드시 지키고 싶었다. 더욱이 자신이 죽으면 더는 그것이 이루어질 가능성이 없다는 것을 잘 알고 있었기에 절대 이길 수 없는 싸움에 스스로 나선 셈이었다. 여섯 번에 걸친 싸움에서 그는 끝내 승리를 거두지 못하였다. 그렇다고 패한 것도 아니었다.

누구나 제갈량과 같은 참모를 곁에 두고 싶을 것이다. 그렇다면 유약한 리더로 평가받는 유비가 그를 얻을 수 있었던 비결은 과연 무엇일까. 제갈량의 출사표出師表에 그 해답이 있다.

선제先帝께서는 신의 비천함을 꺼리지 않으시고 고귀한 신분으로 친히 저의 초가집을 세 번이나 찾으시어 당세의 방책을 물으셨습니다. 신은 이에 감격하여 선제를 위해 한 몸 바쳐 헌신할 것을 맹세하였습니다.

유비는 자신을 낮춤으로써 사람의 마음을 얻을 줄 아는 사람이었다. 제갈량 역시 그것을 보고 기꺼이 그의 참모가 되었다.

겸손으로 가는 문은 아주 낮고 작다. 그 때문에 누구나 몸을 숙여야만 그 문을 통과할 수 있다. 중요한 것은 그렇게 함으로써 자신이 낮아지는 게 아니라 더욱 높아진다는 것이다.

예일대학과 하버드대학 교수를 지냈으며,《제네시 일기The Genesee Diary》등 20여 권의 책을 출간한 헨리 나우웬Henri J.M. Nouwen 교수는 1986년 교수직을 돌연 사임한 후 캐나다 토론토에 있는 지적 장애아들을 돌보는 공동체에 들어갔다. 그는 그곳에서 그들의 용변을 치우고 목욕을 시키는 등 온갖 허드렛일을 하며 지냈다. 누군가가 그에게 왜 그런 삶을 사느냐고 묻자, 그는 이렇게 말했다.

"나는 그동안 오르막길만 걸어왔습니다. 어릴 때부터 항상 일등으로 달려서 하버드대학 교수까지 올라갔지요. 그러나 나이 들면서 비로소 깨달은 사실이 있습니다. 그것은 바로 인생은 내리막길에서 훨씬 성숙해진다는 것입니다."

▶▶▶ 잘 익은 벼일수록 고개를 깊이 숙인다. 벼가 고개를 숙이는 이유는 부족해서가 절대 아니다. 가득 찼기 때문이다. 설익은 벼는 고개를 절대 숙이는 법이 없다. 고개를 높이 치켜든 채 스스로 뽐내고 잘난 체할

뿐이다. 사람 역시 마찬가지다. 자기 안에 든 것이 많은 사람일수록 고개를 숙인다. 다른 사람에게 잘 보이기 위해서, 더 크게 성공하려고 일부러 고개 숙이는 것이 절대 아니다. 거기에는 힘든 삶을 이기며 사는 사람들을 존중하는 진심이 담겨 있다. 산전수전 겪으면서 스스로 깨우친 삶의 이치이기도 하다.

가장 낮은 곳에 있을 때
비로소 내가 보인다

허리를 굽히고, 섬기는 사람은 위를 쳐다볼 시간이 없다.

___ 마더 테레사

주위를 살펴보면 백척간두의 삶을 이어가는 사람이 적지 않다. 처음부터 그런 삶을 사는 사람도 있지만, 아무 걱정 없이 살다가 갑자기 그런 상황에 부딪친 사람도 꽤 있다. 그런 사람들은 하나같이 처음에는 현실을 인정하려고 하지 않는다. 그 때문에 이전과 다름없이 살면서 곧 다시 일어설 수 있을 것으로 착각한다. 하지만 좀처럼 상황이 나아지지 않고, 오히려 더 깊은 수렁에 빠진다. 뜻밖의 행운을 바라기도 하지만, 그런 일역시 쉽게 일어나지 않는다. 그쯤 되면 모든 것을 체념하기 시작한다. 될대로 되라는 것이다. 그런데 그 순간, 자신이 살아야 할 이유가 보이기 시작한다. 어린아이와 아내, 늙은 부모님이 자꾸 눈에 밟히는 것이다. 그제야 정신이 번쩍 든다. 이것이 바로 오만하고 자만한 사람이 바닥으로 떨어지는 과정이다.

상황이 나빠진 데는 다 이유가 있다. 그것을 해결하지 않으면 거기서 빠져나오기가 쉽지 않다. 일의 결과를 바꾸려면 생각을 바꿔 행동의 변화를 끌어내야 하는 것과 똑같은 이치다.

중요한 것은 높은 곳에서는 그것이 잘 보이지 않는다는 것이다. 자만과 오만이 그것을 볼 수 없게 하기 때문이다. 가장 낮은 곳에 이르러야만 그것을 볼 수 있다.

의료기 영업일을 하는 크리스 가드너는 아내 린다, 아들 크리스토퍼와 함께 하루 벌어 하루 먹고 살기도 어려울 만큼 힘든 생활을 이어간다. 집세는커녕 불법 주차 과태료도 내지 못할 정도다. 이런 생활에 지친 아내가 가족을 떠나고, 두 사람은 어렵고 위태로운 삶을 이어간다. 그러던 중 증권 중개인이 되면 큰돈을 벌 수 있다는 얘기를 듣고 갖은 노력 끝에 증권 회사 인턴이 된다. 하지만 무보수인 데다가 정규직이 되려면 험난한 과정을 거쳐야 했기에 그의 삶은 여전히 달라지지 않는다.

결국, 밀린 세금 때문에 계좌가 압류되면서 그는 아들과 함께 길거리로 쫓겨나고 만다. 눈물을 머금고 아들과 함께 지하철 공중 화장실에서 잠을 자야 했고, 노숙자들을 위한 보호소에 자리를 얻기 위해 매일 아침 일찍부터 줄을 서야 했다. 하지만 이런 상황에서도 그는 최선을 다해 일한다. 하나뿐인 아들을 위해서라도 더욱더 그래야만 했다.

영화 〈행복을 찾아서 The Pursuit of Happyness〉의 줄거리다. 영화의 주인공 크리스는 실존 인물이다. 즉, 실화를 바탕으로 제작한 것이다. 그만큼 현실적이어서 보는 이들을 조마조마하게 하고, 주인공이 절벽 끝에 서 있는 것만 같은 모습이 감정 이입을 끌어낸다. 마치 자신의 삶처럼 느껴지기 때문이다.

살다 보면 누구나 소중한 것을 알게 되는 때가 온다. 깨달음의 순간인 셈이다. 잘나갈 때보다 힘들 때 그런 경우가 많다. 가장 힘든 순간, 진실한 나와 비로소 마주할 수 있기 때문이다.

《죽음의 수용소에서Man's Search for Meaning》를 쓴 오스트리아의 심리학자 빅터 프랭클Viktor Emil Frankl은 악명 높은 아우슈비츠 수용소에서 살아남은 몇 안 되는 생존자 중 한 사람이다. 열악한 음식과 환경, 제대로 된 의료시설조차 없는 곳에서 수많은 동료가 죽어 나갔지만, 그는 끝까지 살아남았다. 전쟁이 끝난 후 "어떻게 해서 그 지옥 같은 곳에서 살아남을 수 있었느냐?"라는 질문을 받은 그는 "왜 살아야 하는지 아는 사람은 어떤 상황도 견딜 수 있다"라는 실존주의 철학자 니체Friedrich Nietzsche의 말을 가장 먼저 꺼냈다.

그가 3년 동안 머문 아우슈비츠 수용소에는 오로지 죽음과 절망만이 가득했다. 어디에도 희망은 보이지 않았다. 하지만 그는 생사가 엇갈리는 그런 끔찍한 환경에서도 삶의 의미와 살아야겠다는 희망을 절대 잃지 않았다.

"한 개인이 어떤 마음 자세를 갖느냐는 오로지 그의 선택에 달려 있습니다. 나는 절망을 선택할 수도 있었고, 희망을 선택할 수도 있었습니다. 하지만 나는 희망을 선택하기로 했고, 그러기 위해서는 내가 간절히 원하는 어떤 것을 정해 정신을 집중할 필요가 있다고 생각했습니다. 그래서 나는 내 아내에 관해 생각을 집중하기로 했습니다. 그녀의 손을 한 번만 더 잡아보고 싶었습니다. 단 한 번만 더 아내의 눈을 바라보고 싶었습니다. 한 번만 더 그녀를 만날 수 있기를 간절히 소원했습니다. 그것이 내 생명을 일 초 일 초 연장해주었습니다."

그와 함께 아우슈비츠에서 살아남은 사람들은 매일 면도를 거르지 않은 사람들이었다. 그들에게 배급되는 음식이라고는 하루에 수프 한 그릇과 완두콩 한 알이 전부였을 만큼 수용소 시설은 열악하기 그지없었다. 하지만 그들은 자신의 불행에 절망하기보다는 하나의 목표를 정해서 거기에 온 힘을 쏟아부었다. 그것이 최악의 환경에서 그들을 살아남게 한 힘이었다.

오체투지. 바닥에 엎드려서 절할 때 양 무릎과 팔꿈치, 이마 등 신체의 다섯 부분이 땅에 닿는 데서 이름 붙여진 티베트인들의 수행법이다. 그만큼 고통스럽다.

티베트인들은 누구나 평생 한 번은 자신을 내려놓는 오체투지 고행을 떠난다. 자만과 오만을 떨치고, 자신의 어리석음을 참회하며, 참된 자신을 찾기 위해서다. 심지어 한쪽 다리를 잃고도 그런 고행을 하는 사람이 있는가 하면, 사람으로 태어난 것이 감사하다는 이유만으로 순례를 떠나는 사람도 있다. 우리의 상식으로는 이해하기가 쉽지 않다. 다만, 겹겹이 꿰매 다 떨어진 누더기를 바닥에 깔고, 땀과 때에 절어 새까매진 얼굴로 끊임없이 오체투지 하는 그들을 보면 존경심이 드는 것만은 사실이다. 한없이 자신을 낮추면서 삶의 진실에 한 걸음 한 걸음 다가가는 것에 대한 부러움이자, 자만과 오만에 빠져 삶을 제대로 보지 못하는 나 자신에 관한 부끄러움이기도 하다.

▶▶▶ 높은 곳에 서야만 내가 보이는 게 아니다. 가장 절박하고 힘들 때, 즉 가장 낮은 곳에 있을 때 비로소 나와 마주할 수 있다. 높은 곳에서

보는 나는 오만하고 자만할 수 있지만, 가장 낮은 곳에 있는 나는 더는 잃을 것이 없기에 더없이 겸손하고 진실하기 때문이다. 또한, 오만과 자만은 자신을 과대평가하지만, 겸손과 진실함은 자신을 바로 보게 한다.

죽음은 삶의 최고 발명품,
인생을 낭비하지 마라

20년 후 당신은 한 일보다는 하지 않은 일 때문에 더 실망할 것이다.
지금 당장 닻줄을 던지고, 안전한 항구를 떠나 항해하라.
당신의 돛에 무역풍을 가득 담아라. 탐험하라! 꿈꾸라! 발견하라!

__ **마크 트웨인**

일본의 어느 학교에서 지병으로 돌아가신 담임선생님이 학생들에게
마지막 숙제를 남겼다.

- 마지막 숙제 : [행복해지기]
- 제출 기한 : 제한 없음

너희들이 숙제를 제출할 때쯤 나는 아마 천국에 있겠지.
그렇다고 해서 서둘러서 가져오지는 마. 천천히 와도 괜찮아.
언젠가 얼굴을 마주하고 "선생님, 행복했어요"라고 말해주면 그
걸로 충분해.
기다릴게.

다른 사람의 결정에, 피치 못할 사정 때문에 정작 하고 싶은 일을 하지 못하는 사람들이 적지 않다. 그들은 일은 하고 있지만, 전혀 행복하지 않다. 머릿속에, 가슴속에 하고 싶은 일을 하지 못한 미련이 계속 남아 있기 때문이다. 만일 어쩔 수 없는 상황이라면 그것을 극복할 수 있는 기반을 닦을 때까지는 그 일을 계속하는 것이 좋다. 그리고 상황이 나아지면 과감히 그만두고 하고 싶은 일을 해야 한다.

2012년 영국의 신문 《가디언The Guardian》은 오스트레일리아에서 말기 환자들을 돌보는 간호사 브로니 웨어Bronnie ware가 쓴 《죽을 때 가장 후회하는 다섯 가지The Top Five Regrets of the Dying》라는 책을 소개한 바 있다.

브로니 웨어는 수년간 말기 환자 병동에서 일하며 환자들이 생의 마지막 순간에 보인 '통찰'을 꼼꼼하게 기록했다. 주목할 점은 저마다 다른 삶을 살았지만, 죽을 때 후회하는 것은 거의 비슷했다는 것이다.

가장 큰 후회는 '타인의 기대에 맞춰 살지 않고, 자신이 하고 싶은 일을 하면서 살았더라면'이었다. 즉, 하고 싶은 일을 하지 못한 채 죽는 것을 가장 후회했다. 그 밖에 '일 좀 덜 할걸', '화 좀 더 낼걸', '친구들을 더 잘 챙길걸', '도전하며 살걸' 등이 그 뒤를 이었다.

일본의 호스피스 전문의 오츠 슈이치大津秀一가 쓴 《죽을 때 후회하는 스물다섯 가지死ぬときに後悔すること25》 역시 1,000명의 말기 환자들이 남기는 마지막 후회를 담고 있는 책으로 인생의 마지막을 앞둔 환자들의 후회를 들려주며 어떻게 삶을 살고, 마무리하는 것이 좋은지에 대해서 되돌아보게 한다. 그들 역시 살아온 환경이나 사회적 지위 등이 달랐지만, 후회하는 것만은 놀랍도록 비슷했다.

가장 많이 하는 후회는 '사랑하는 사람에게 사랑한다는 말을 많이 했더라면'이었다. 그 밖에 '진짜 하고 싶은 일을 했더라면', '조금만 더 겸손했더라면', '감정에 휘둘리지 않았더라면', '기억에 남는 연애를 했더라면' 등이 그 뒤를 이었다.

결론적으로 죽음을 앞둔 사람들은 '하고 싶은 일을 하지 못한 것'을 가장 많이 후회했다. 따라서 하고 싶은 일이 있다면 주저하지 말고 해야 한다.

영화 〈버킷리스트^{The Bucket List}〉는 암으로 기껏해야 일 년밖에 살 수 있는 두 노인이 죽기 전에 꼭 해야 할 일을 적고, 그것을 실행에 옮기는 과정을 그린 작품이다. 알다시피, '버킷리스트'는 '죽기 전에 꼭 하고 싶은 일들을 적은 목록'을 말한다. 죽음과 인생을 소재로 하고 있지만, 침울하거나 철학적이지 않고 오히려 유쾌하고 발랄하게 주인공의 삶을 그리고 있어서 눈길이 가는 영화이기도 하다.

본래 버킷리스트란 중세 혹은 미국 서부 개척기 시대 사람의 목에 밧줄을 끼워 서까래에 매단 후 발을 받치고 있던 양동이^{Bucket}를 차면 목을 조여 죽게 된다는 'Kick the Bucket'에서 유래했다.

치열한 경쟁 사회를 살아가는 우리에게 꿈은 에너지와도 같다. 따라서 살아가는 동안 꼭 이루고 싶은 꿈을 적어보는 것만으로도 삶을 추스르는 계기를 마련할 수 있다.

중요한 것은 그것을 적극적으로 실천하는 것이다. 하지만 그러기가 쉽지 않다. 하고 싶은 일은 많지만, 마음대로 할 수 없는 것이 바로 우리 인생이기 때문이다. 중요한 것은 무엇이 삶에서 가장 가치 있는 일인지 깨닫고 그것을 적극적으로 실천하는 것이다. 이와 관련해서 헨리 데이비드 소로는 《구도자에게 보낸 편지Letters To A Spiritual Seeker》에서 이렇게 말한 바 있다.

"하고 싶은 일이 있다면 주저하지 말고 하십시오. 마음을 불편하게 하는 의혹은 계속 품고 있어 봐야 아무런 도움도 되지 않습니다. 누구도 해줄 수 없는 일을 자기 자신에게 해주십시오. 그 밖의 다른 일은 모두 잊어버려야 합니다."

당신은 어떤 버킷리스트를 갖고 있는가?

만일 당신이 이 질문에 주저한다면 제대로 된 버킷리스트를 갖고 있지 않다는 방증이다. 생각건대, 대부분 사람이 그럴 가능성이 크다. 먹고 사는 일에 집중하다 보니, 죽음에 대해서 단 한 번도 진지하게 생각해본 적이 없기 때문이다. 당연히 하고 싶은 일 역시 하지 못한 채 살아간다. 하지만 인생을 마무리할 때 후회하지 않으려면 하고 싶은 일을 더는 미뤄서는 안 된다. 먹고사는 문제도 중요하지만, 자기 삶의 주인으로서 삶을 책임지는 일 역시 각자의 의무이기 때문이다.

인생의 중요한 순간마다 곧 죽을지도 모른다는 사실을 명심하는 것이 내게 가장 중요했다. 죽음을 생각하면 뭔가 잃을지 모른다는 두려움에서 벗어날 수 있다. 열일곱 살 때 '하루하루가 인생의 마지막 날인 것처럼 산다면 언젠가는 바른길에 서 있게 될 것'이라는 글을 읽었다. 죽음은 삶이 만든 최고의 발명품이다. 죽음은 삶을 변화시킨다. 여러분의 삶에도 죽음이 찾아온다. 인생을 낭비하지 말기 바란다.

__ 스티브 잡스

▶▶▶ 만일 오늘이 인생의 마지막 날이라면, 당신은 과연 무슨 일을 가장 하고 싶은가? 더는 불필요한 일에 신경 쓰며, 군이 하지 않아도 될 일을 해가며 인생을 낭비해서는 안 된다. 우리가 사는 오늘은 어제 죽은 사람이 그렇게 살고 싶었던 내일이기 때문이다. 그런 점에서 죽음을 앞둔 사람들이 인생의 마지막 단계에서 깨달은 지혜는 지금, 이 순간을 사는 우리에게 소중한 가르침을 준다. 그것은 바로 '오늘이 인생의 마지막 날인 것처럼 살라'는 것이다.

일기일회,
지금, 이 순간의 소중함

오늘은 당신의 남은 인생의 첫 번째 날입니다.

__ 영화 〈아메리칸 뷰티〉에서

'일기일회^{一期一會}'라는 말이 있다. '지금, 이 순간은 생애 단 한 번'이라는 뜻으로 '순간순간 최선을 다해야 한다'라는 뜻이다. 이는 인간관계에도 그대로 적용된다. 한 사람의 생애에 있어서 어떤 이와의 만남은 단 한 번밖에 없는 소중한 인연이니 모든 마음을 다해야 하기 때문이다. 물론 그 사람을 다시 만날 수는 있다. 하지만 이전에 만났을 때와 똑같은 생각을 하지 않기에 똑같은 존재라고 할 수는 없다는 것이 그 말속에 내포되어 있다.

일기일회는 2010년 입적하신 법정 스님이 마지막으로 남긴 책 제목이기도 하다. 스님은 책에서 "누가 나를 만들어주는 것이 아니라 나 자신이 나를 만들어간다. 진정한 행복은 먼 훗날에 이룰 목표가 아니라, 지금 이 순간에 존재하는 것이다"라며, "모든 하루를 자기 생애 마지막 날인 것처럼 살아야 한다"라고 했다. 그러면서 이렇게 말씀하셨다.

"한 번 지나가 버린 것은 다시 돌아오지 않는다. 그때그때 감사하게 누릴 수 있어야 한다. 모든 것이 일기일회이다. 모든 순간은 생애 단 한 번의 시간이며, 모든 만남은 생애 단 한 번의 인연이다. … 삶은 과거나 미래에 있지 않다. 지금, 이 순간이다. 바로 지금, 이 순간을 살 줄 알아야 한다. 순간순간 그날그날 내가 어떤 마음으로 어떤 업을 익히면서 사는가에 따라 삶이 달라질 것이다. 개인의 삶만 달라지는 것이 아니라 나와 관계된 사람들의 삶도 달라진다. 누가 나를 만들어주는 것이 아니라 나 자신이 나를 만들어간다."

러시아의 대문호 톨스토이Lev Nikolaevich Tolstoy 역시 단편소설 〈세 가지 의문〉에서 지금, 이 순간의 중요성을 강조한 바 있다.

그는 '이 세상에서 가장 중요한 시간은 언제인가?', '이 세상에서 가장 중요한 사람은 누구인가?', '이 세상에서 가장 중요한 일은 무엇인가?'라고 물은 후 이렇게 답한다.

"이 세상에서 가장 중요한 때는 바로 지금, 이 순간이고, 가장 소중한 사람은 지금 바로 내가 마주하고 있는 사람이며, 또 가장 값진 일은 지금 바로 가까이 있는 사람들에게 사랑과 선을 베푸는 일이다."

과거보다는 미래가, 미래보다는 지금, 이 순간이 훨씬 더 중요하다는 것이다. 지금, 이 순간을 어떻게 사느냐에 따라서 미래가 결정되기 때문이다.

많은 사람이 현재가 아닌 미래를 위해서 산다. 미래를 위해서 현재는 철저히 무시해도 된다고 생각하기 때문이다. 하지만 그것은 착각에 지나지 않는다. 미래는 아직 오직 않은 시각이기 때문이다. 즉, 미래는 현재

다음에 존재하는 시간의 영역으로 어떤 일이 일어날지 누구도 알 수 없다. 지금 여기에는 오직 현재만이 존재한다.

20세기 미술을 지배한 천재 화가 파블로 피카소^{Pablo Ruiz Picasso}는 회화 · 조각 · 소묘 · 판화 · 도예 등 미술의 모든 분야에 획기적인 영향을 미친 세계적인 거장이다. 미술가는 물론 예술가 중에도 그의 영향을 받지 않은 사람은 거의 없다고 해도 과언이 아닐 정도다. 그 때문에 미술과 예술에 조금이라도 관심 있는 사람이라면 누구나 그의 작품을 하나쯤 갖기를 원한다.

어느 날 피카소가 새로운 작품을 그리고 있다는 소식을 들은 한 미술품 수집상이 그의 작업실을 방문했다. 때마침 피카소는 작품에 한창 몰입하고 있었다. 잠시 그 모습을 지켜보던 수집상이 피카소를 향해 이렇게 물었다.

"지금까지 그린 작품 중 최고 작품은 무엇입니까?"

그러자 피카소는 너무도 당연하다는 듯이 이렇게 말했다.

"그야 당연히 지금 그리는 작품이지요."

그 말에 수집상은 그 작품을 반드시 사겠다고 마음먹었다. 하지만 아무리 살펴봐도 최고의 작품이라고 하기에는 뭔가 아쉬웠다. 할 수 없이 작품 구매를 다음 기회로 미뤄야만 했다.

얼마 후 다시 피카소의 작업실을 찾은 수집상은 이번에도 똑같은 질문을 그에게 했다.

"지금까지 그린 작품 중 최고 작품은 무엇입니까?"

역시나 이번에도 피카소는 전혀 망설이지 않고 이렇게 말했다.

"지금 그리는 바로 이 작품입니다."

그제야 미술품 수집상은 깨달았다. 피카소는 매 순간 생애 최고의 작품을 그린다는 마음으로 작품에 몰두한다는 것을.

《느리게 산다는 것의 의미^{Du bon usage de la lenteur}》의 저자 피에르 쌍소^{Pierre Sansot}는 지금, 이 순간의 가치에 관해서 이렇게 말한 바 있다.

"그 어떤 사건들보다 나를 가장 흥분하게 하는 것은 '하루'의 탄생이다. 하루의 탄생을 지켜볼 때마다 나는 왠지 모를 충만감을 느낀다. 왜냐하면, 하루는 24시간 매 순간 깨어나서 자신의 모습을 드러내기 때문이다. 그래서 내 눈에는 하루의 탄생이 어린아이의 탄생보다 더 감동적으로 다가온다. 내일은 또 다른 하루가 태어날 것이다. 그러므로 나는 내일 다시 한번 미래를 내다보는 사람이 될 것이다."

한 방송사 기자가 법정 스님에게 "스님은 다가올 미래에 대해서 어떤 기대를 하고 있습니까?"라고 물은 적이 있다. 그러자 스님은 잠시도 망설이지 않고 이렇게 말했다.

"나는 오늘을 살고 있을 뿐 미래에는 전혀 관심이 없습니다."

지금, 이 순간은 우리 생애 단 한 번뿐이다. 따라서 순간순간에 충실하고 최선을 다해야 한다. 우리는 오늘 우리의 생각이 데려다 놓은 자리에 존재한다. 마찬가지로 우리는 내일 우리의 생각이 데려다 놓을 자리에 존재할 것이다. 보이지 않는 내일보다 지금 우리 앞에 있는 것들과 맞서 싸워야 한다. 그래야만 원하는 미래를 살 수 있다.

지금, 이 순간을 놓치지 말라
'나는 지금 이렇게 살고 있다'라고

순간순간 자각하라.

한눈팔지 말고, 딴 생각하지 말고
남의 말에 속지 말고, 스스로 살피라
그리고 내 말에도 얽매이지 말고
그대의 길을 가라.

이 순간을 헛되이 보내지 말라
이런 순간들이 쌓여 한 생애를 이룬다.

너무 긴장하지 말라
너무 긴장하면 탄력을 잃게 되고
한결같이 꾸준히 나아가기도 어렵다
사는 일이 즐거워야 한다.

날마다 새롭게 시작하라.
묵은 수렁에서 거듭거듭 털고 일어서라.

__ **법정 스님,《살아 있는 것은 다 행복하라》중에서**

▶▶▶ 많은 사람이 오늘에 충실하지 못하는 이유는 미래에 대한 막연한 두려움 때문이다. 하지만 지금, 이 순간에 충실하지 않으면 그 누구도 자신이 원하는 미래를 살 수 없다. 미래는 지금, 이 순간을 어떻게 살

았느냐에 달려 있기 때문이다. 따라서 어제를 거울삼아 오늘을 살고, 오늘을 기초로 내일을 살아야 한다. 미래의 일은 미래에 맡겨야 한다. 미래가 두려워서 지금, 이 순간에 충실하지 못하면 미래는 정말로 두려운 것이 된다.

● ● ●

한 인디언이 딸과 함께 말을 타고 드넓은 평원을 달리고 있었다.

조금 달리다가 쉬고, 조금 달리다가 쉬기를 반복하자,

딸이 그 이유를 물었다.

그러자 아버지는 이렇게 대답했다.

"그건 말이지, 우리 영혼이 우리에게서 멀어지지 않도록 기다리는 거란다. 영혼은 사람이 아무 생각 없이 몸을 바쁘게 움직이면 머물 곳을 몰라 허공을 떠돌다가, 잠시 몸을 쉴 때 다시 마음으로 돌아와 제자리를 찾는단다."

__ 인디언의 지혜

● 우리는 소중한 것의 중요성을 잊고 사는 경우가 많다. 항상 가까운 곳에 있기에 마음만 먹으면 언제든지 그것을 돌볼 수 있다며 착각하기 때문이다. 친구 역시 마찬가지다. 가까운 사이일수록 막 대한다. 그만큼 허물없기 때문이다. 하지만 나이 들면 서로를 존중할 줄도 알아야 한다. … 무릇, 나이 들면 사람이 귀해지는 법이다.

〈나이 들면 사람이 귀해진다〉 중에서

●● 다른 사람 눈치 보며 살 필요 없다. 배려하며 사는 것만이 삶의 미덕은 아니다. 또한, 착한 사람 콤플렉스에서 벗어난다고 해서 나쁜 사람이 되는 것도 아니다. 걱정하고 두려워하는 일 역시 절대 일어나지 않는다. 자기 내면의 소리에 귀 기울이고, 자기 생각과 감정을 솔직히 표현하는 것이야말로 자신은 물론 상대를 존중하는 일이기 때문이다.

〈착한 사람 콤플렉스에서 벗어나기〉 중에서

●●● 인생을 함께하고 싶은 사람을 만나고 싶다면 말이 아닌 행동에 주목하라. 말은 좋지만, 행동이 말과 어긋나는 사람이라면 그의 말만으로 만족해야 한다. 반대로 말은 그리 좋지 않지만, 행동이 모범적이라면 그의 행동을 본받아라. 그 둘이 일치하는 사람을 친구이자 스승으로 삼아야 한다.

〈인간관계에도 다이어트가 필요하다〉 중에서

PART 2

나 이 들 면

사   람   이

귀 해 진 다

나이 들면
사람이 귀해진다

사람은 누구나 자신만의 짐을 지고 살지만,
다른 사람의 도움을 받지 않고는 살 수 없다.
그 때문에 우리는 위로와 충고로써 다른 사람을 도와야 한다.

__ 레오 톨스토이

    고전을 틈틈이 읽으면서 삶의 이치는 세월이 흐른다고 해서 변하는 게
아님을 알게 되었다. 몇천 년의 시간이 흘렀지만, 많은 사람이 고전에서
삶의 지혜를 구하는 이유는 바로 그 때문이 아닐까 한다. 예컨대,《사기
史記》를 읽다 보면 누구나 고민하는 주제인 사람과 세상에 관한 통찰력과
분별력을 키울 수 있다. 그만큼 고전은 인간관계의 프리즘이자 오늘을
사는 우리를 비추는 거울과도 같다.

    《맹자孟子》 권4 〈공손추公孫丑〉 하편에 '득도다조得道多助'라는 말이 나온다.
'도를 얻으면 도와주는 사람이 많다'라는 뜻이다. 여기서 말하는 도道란
'남에게 베풀기를 즐기며 덕을 쌓아 사람의 도리를 다하는 것'을 뜻한다.
그래서 그 속뜻을 다시 풀어보면 '사람 마음을 얻으면 도와주는 사람이
많아진다'라는 뜻이 된다.

    세상에서 가장 강한 사람은 힘이 센 사람도, 지위가 높은 사람도 아니

다. 큰 부자나, 학식이 높은 사람도 아니다. 세상에서 가장 강한 사람은 도와주는 사람이 많은 사람이다. 아무리 힘이 세고 지위가 높은 사람도 돕는 사람이 많은 사람을 이길 수는 없다. 많은 사람이 잘되기를 바라고, 쓰러지지 않기를 응원하는 사람은 어떤 일이 있어도 쉽게 무너지지 않기 때문이다.

인간관계만큼 어려운 것도 없다. 많은 사람이 인간관계 때문에 고민하고 절망하며 좌절한다. 특히 소심한 사람에게 인간관계는 높은 장벽과도 같다. 그것을 넘어야만 사회생활을 원활하게 할 수 있지만, 그들에게는 사람 앞에 서는 것 자체가 공포에 가깝다. 그러다 보니 소극적인 인간관계를 하기가 쉽다. 다른 사람이 먼저 다가오기만을 무작정 기다리는 것이다.

학창 시절에는 그렇게 해서 맺은 인간관계가 유지되고 더 좋은 관계로 발전하는 것이 얼마든지 가능하다. 학창 시절에는 이것저것 따지지 않는 순수한 인간관계를 지향하기 때문이다. 그 때문에 학창 시절 맺은 인간관계가 평생 가는 경우가 많다. 하지만 사회생활은 엄연히 다르다. 사회생활은 이해관계가 인간관계의 기준이 된다. 그만큼 사회생활에서의 인간관계는 냉혹하고 계산적이다 보니, 이용 가치가 없으면 즉시 단절된다. 그 결과, 소심한 사람일수록 상처받기가 쉽고 학창 시절 친구를 그리워하게 된다.

세상은 거울과도 같다. 사람들과의 관계에서 겪는 문제 대부분은 자기 자신과의 관계에서 겪는 문제를 거울처럼 보여준다. 다른 사람들이 문제라는 생각은 잘못된 것이다. 자기 생각을 조금만 바꾸는 것만으로도 얼마든지 사람들과의 관계를 개선할 수 있다.

무작정 기다리기만 해서는 사람 마음을 얻을 수 없다. 하다못해 몇 안 되는 친구와도 사이가 멀어질 수 있다. 친구가 그립다면 주저하지 말고 전화해서 안부를 묻고 마음을 전해야 한다. '어떻게 지내냐고, 요즘 들어서 네가 많이 생각난다'라며 속마음을 털어놓아야 한다.

나 역시 인간관계에 있어서 둘째가라면 서러울 만큼 매우 서툴고 소극적인 편이다. 먼저 다가가는 것을 주저하는 것은 물론 연락조차 자주 하는 법이 없다. 어쩌다가 한 번 전화해서는 한다는 소리가 '무소식이 희소식이라고 생각해'라는 핑계 아닌 핑계다. 너무도 군색하기 그지없지만, 특별히 그것을 고민한 적은 없다. 인간관계의 양보다 질을 중요하게 생각하며, 몇 안 되는 친구들과 비교적 원만한 관계를 유지하고 있다고 자신했기 때문이다. 그런데 언제부터인가 은근히 걱정되기 시작했다. 내가 원할 때만 연락하는 관계가 과연 내 생각만큼 원활하게 유지되고 있는지 의문이 들었기 때문이다.

얼마 전 한밤중에 어린 시절 친구와의 추억이 갑자기 생각나서 숙연해진 적 있다. 한참을 그렇게 멍하니 있었다. 참 무심하게도 오랫동안 잊고 살았다는 뒤늦은 후회와 함께 친구가 어떻게 사는지 궁금했다. 하지만 거기까지가 한계였다. 연락처도 모를뿐더러 지금의 친구 얼굴을 도저히 떠올릴 수 없었기 때문이다. 고작해야 어린 시절 모습에 세월의 무게와 주름이 더해진 애늙은이 같은 얼굴밖에 생각나지 않았다.

"세상에서 가장 어려운 일이 뭔지 아니?"

"흠… 글쎄요. 돈 버는 일? 밥 먹는 일?"

"세상에서 가장 어려운 일은 사람 마음을 얻는 것이란다. 사람 마음은 순간에도 수만 가지 생각을 떠올리는데, 그 바람 같은 마음을 머물게 하는 것만큼 어려운 일은 없기 때문이지. … 그런 점에서 내가 좋아하는 사람이 나를 좋아하는 것은 기적에 가까운 일이란다."

생텍쥐페리Antoine De Saint Exupery의 《어린 왕자Le Petit Prince》에 나오는 대화로 짧지만 많은 것을 생각하게 한다. 인생 경험이 쌓일수록 그 의미를 제대로 깨달을 수 있기 때문이다. 정말이지 사람 마음을 얻는 것만큼 힘든 일은 없다.

▶▶▶ 우리는 소중한 것의 중요성을 잊고 사는 경우가 많다. 항상 가까운 곳에 있기에 마음만 먹으면 언제든지 그것을 돌볼 수 있다며 착각하기 때문이다. 친구 역시 마찬가지다. 가까운 사이일수록 막 대한다. 그만큼 허물없기 때문이다. 하지만 나이 들면 서로를 존중할 줄도 알아야 한다. 서로 존대함으로써 관계를 서먹하게 하자는 것이 아니다. 무작정 기다리기만 하는 소극적인 관계에서 벗어나서 먼저 다가가고, 최소한의 예의는 갖춰서 얘기하자는 것이다. 무릇, 나이 들면 사람이 귀해지는 법이다.

착한 사람 콤플렉스에서
벗어나기

다른 사람들의 떠들썩한 소리에 자신 내면의 소리가 묻혀서는 안 된다.
가장 중요한 것은 자신의 마음과 직관을 따르는 용기다.

__ 스티브 잡스

   모든 사람이 '착한 사람 콤플렉스^{Nice Guy Syndrome}'에 사로잡혀 사는 세계,
나이스랜드. 그곳에 사는 사람들은 '착함'의 정도를 표시하는 팔 코드를
의무적으로 장착하고 산다. 어머니를 잃은 진은 타인을 위해 자신의 슬
픔을 감내해야 하는 그런 사회 시스템에 의문을 품는다. 그러던 어느 날,
자신과는 전혀 다른 삶을 사는 사람들의 센터를 방문하면서 중요한 사실
을 깨닫는다. 가끔 화를 내기도 하고, 짜증을 내기도 하는 그곳 사람들을
통해 진정한 삶과 자유란 무엇인지 비로소 알게 된 것이다.

   연극 〈나이스랜드〉의 줄거리로 다른 사람들에게 맞춰 사는 세상과 사
람들에게 '그렇게 사는 것이 옳은가?'라는 의문을 던지고 있다.

   자기 생각과 다른 말과 행동을 하는 사람들이 있다. 그들은 다른 사람
의 부탁 역시 쉽게 거절하지 못한다. 싫어도 '싫다'라고 단호하게 말하지
못하는 것이다. '상대방이 싫어할지 모른다'라는 걱정과 '따돌림받을 수

있다'라는 두려움 때문이다. 그러다 보니 정말 하기 싫은 일이라도 차마 거절하지 못한 채 속앓이를 하기 일쑤다. 이른바 '착한 사람 콤플렉스'에 시달리는 것이다.

착한 사람 콤플렉스의 시작은 '착한 아이 콤플렉스Good boy Syndrome'다. 착한 아이 콤플렉스란 어른들로부터 '착한 아이'라는 소리를 듣기 위해 아이가 자기 내면의 욕구를 억압하는 말과 행동을 반복하는 심리적 콤플렉스를 말한다. 즉, 다른 사람으로부터 인정받기 위해 그들이 원하는 대로 말하고 행동하는 것이다. 이를 해결하지 않은 채 그대로 성장하면 '착한 여자' 혹은 '착한 남자', '좋은 사람' 콤플렉스에 시달리게 된다.

문제는 그렇게 사는 데도 전혀 행복하지 않다는 것이다. 가톨릭영성심리상담소 소장으로 일하며 많은 이들의 마음속 상처를 치료해온 홍성남 신부는 그에 대해 이렇게 말한다.

"착한 사람 콤플렉스를 가진 사람은 다른 사람들에게 좋은 사람으로 보이고 싶은 마음에 자기주장을 하지 못하고 무조건 양보만 한다. 그 결과, 마음 안에 피해 의식과 억울한 마음, 분노가 쌓여 수동적 폭력성으로 나타날 수 있다. 마음이 건강해지려면 착한 척하는 것을 당장 그만둬야 한다. 타인에 의해 결정되는 행복은 빈껍데기일 뿐이기 때문이다. 그래서는 절대 행복할 수 없다. 스스로 찾은 행복만이 우리를 온전히 행복하게 한다."

직장 다닐 때, 야근을 자주 하는 다른 부서의 후배가 있었다. 일이 그렇게 많지 않은 날도 혼자서 남고는 했다. 처음에는 '혼자서 조용히 내일 할 일을 계획하는가 보다'라며 매우 기특하게 생각했다. 그런데 그게 아니었다.

그는 밤이 늦도록 선배들과 동료들의 일을 대신했다. 그들의 부탁을 차마 거절하지 못했기 때문이다. 그러면서도 정작 자신들은 일찍 퇴근하고 그에게 책임을 미뤘다. 옆에서 지켜보기가 너무 답답해서 한 번은 이렇게 말한 적 있다.

"너, 바보냐? 네 일도 아닌데 왜 야근까지 하면서 너를 혹사하냐? 하기 싫으면 싫다고 해. 네가 항상 '알았다'라고 하니까, 그 사람들이 너를 이용만 하려고 하잖아."

그러자 그가 이렇게 말했다.

"아, 그런가요? 헤헤헤…."

지금도 나를 쳐다보면서 사람 좋던 웃음을 짓던 그의 얼굴이 또렷이 생각난다. 답답했지만, 미워할 수 없었다.

독일 함부르크 응용과학대학에서 범죄 심리학을 가르치는 옌스 바이드너Jens Weidner 교수는 경영자와 기업 임원들을 대상으로 오랫동안 컨설팅을 진행하면서 한 가지 중요한 사실을 깨달았다고 한다. 바로 착한 마음만으로는 인생을 살기가 매우 힘들다는 것이다. 특히 지금 같은 경쟁 사회에서는 자신의 감정을 분명하게 표현하는 것이야말로 일과 인간관계에서 성공하는 최고 비결이라고 강조한다. 착하기만 하고, 우유부단한 태도는 삶의 걸림돌이 될 뿐이기 때문이다.

많은 직장인이 '착함'이란 족쇄에 발목 잡혀서 자신의 행동을 스스로 제약하곤 한다. 예컨대, 다른 사람과 협의해서 해야 하는 일에서 자기 마음에 들지 않더라도 그것을 단호하게 말하지 못한다. 상대가 자기보다 직위가 높거나, 유능하다고 인정받을 때 혹은 마음이 무척 연약해 보이는 사람일수록 더욱더 그렇다. 자신의 말에 그 사람이 상처 입을까 봐, 자신을 싫어할까 봐 겁나고 두렵기 때문이다. 하지만 그렇게 해서 일의 결과가 좋으면 다행이지만, 그렇지 않다면 그 책임은 고스란히 자신이 떠안아야 한다. 착한 사람 소리 들으려다가 무능한 사람이라는 얘기를 듣는 셈이다.

자기 생각과 감정을 제대로 표현하지 못하는 것은 자신의 발전을 가로막는 걸림돌일 뿐이다. 또한, 그렇게 되면 우울증을 비롯해 불안장애, 공황 장애까지 생길 수 있다는 연구 결과도 있다. 그것은 마음의 자유를 제한하는 족쇄와도 같다. 그러니 집착할수록 자신만 갑갑하고, 자기 속만 새까맣게 타들어 갈 뿐이다.

그렇다고 해서 무조건 자기 생각과 감정만 내세우라는 것은 아니다. 다른 사람으로부터 인정받기 위해 그들이 원하는 대로 말하고 행동하는 착한 사람 콤플렉스에서 벗어나는 것만으로도 충분하다.

프랑스의 저명한 임상심리학자 마리 아두Marie Haddou 박사는 《나는 자신 있게 NO라고 말한다Savoir dire non》에서 이렇게 말한 바 있다.

"실패에 대한 걱정이나 비난받을지도 모른다는 두려움은 모두 자신감이 부족하기 때문이다. 하지만 상대를 존중하고 배려하면 내 생각을 솔직하게 말해도 크게 걱정할 문제는 생기지 않는다."

그는 확실하지 않은 표현은 오히려 상대방을 불쾌하게 할 수 있다며, 싫은 일에는 자신 있게 'NO'라고 말하라고 주장한다.

오스트리아의 정신의학자 알프레드 아들러Alfred W. Adler는 이렇게 말했다.

"인간의 고민은 전부 인간관계에서 비롯된 고민이다. 행복해지기 위해서는 인간관계로부터 자유로워져야 하고, 그렇게 되기 위해서는 남으로부터 '미움받는 것'을 두려워해서는 안 된다."

우리는 태어나는 순간부터 무한 경쟁을 벌인다. 다른 사람에게 인정받기 위해 타인의 눈치를 살피며, 주변의 기대에 부응하고자 자신을 채찍질한다. 그럴수록 자신만 더 힘들어질 뿐이다.

세상에 완벽한 사람은 없다. 따라서 다른 사람에게 인정받기 위해 착한 모습만 보일 필요는 없다. 자신의 참모습을 보임으로써 미움받을 용기 역시 가져야 한다. 그래야만 복잡한 인간관계의 늪에서 벗어날 수 있다.

▶▶▶ 다른 사람 눈치 보며 살 필요 없다. 배려하며 사는 것만이 삶의 미덕은 아니다. 또한, 착한 사람 콤플렉스에서 벗어난다고 해서 나쁜 사람이 되는 것도 아니다. 걱정하고 두려워하는 일 역시 절대 일어나지 않는다. 자기 내면의 소리에 귀 기울이고, 자기 생각과 감정을 솔직히 표현하는 것이야말로 자신은 물론 상대를 존중하는 일이기 때문이다.

자존심은 버리고,
자존감은 높여야 한다

나는 이미 충분히 가치 있는 존재이다.
나 스스로 그것을 인정하기만 한다면.

__ 생텍쥐페리

나이 들수록 자존심은 버리고, 자존감은 높여야 한다.

자존심은 '남에게 굽히지 않고, 자신의 가치나 품위를 지키려는 마음'을 뜻한다. 정도의 차이가 있을 뿐, 누구나 그런 마음을 지니고 있다. 누구도 자신이 남보다 못하다고 생각하지 않기 때문이다. 하지만 나이가 들수록 자존심은 사는 데 방해만 될 뿐 큰 도움은 되지 않는다. 예컨대, 직장에서 능력을 인정받아 높은 지위에 오른 친구가 있거나, 사업에서 크게 성공한 친구가 있다면 당연히 부러움의 대상이 된다. 문제는 그것을 넘어 친구들을 시기하고 질투하는 것이다. 그러면서 그들의 능력과 실력을 깎아내리고 무시한다. 특히 학창 시절 자신보다 공부를 못했던 친구라면 더욱더 그 사실을 인정하려고 하지 않는다. 한마디로 자존심의 그릇된 발현인 셈이다. 그들과 비교해봐야 자신의 처지만 더 초라해지고 비참해진다는 것을 알면서도 계속해서 그런 일을 반복하는 이유는 역시

나 자존심을 지키기 위해서다.

그에 반해 자존감은 '스스로 품위를 지키고 자기를 존중하는 마음'을 뜻한다. 즉, 자신의 가치를 소중히 여기고 믿는 마음이다. 그 때문에 자존감이 높은 사람일수록 고난과 역경을 잘 극복하며, 무슨 일이건 쉽게 포기하지 않는다. 또한, 친구들의 성공을 시기하거나 질투하지 않고 진심으로 축하해준다. 그러면서 거기에 자극받아 자신 역시 더욱더 마음을 돋우고 성공에 대한 열정을 키운다.

'자존감'은 미국의 철학자이자 심리학자였던 윌리엄 제임스William James가 처음 사용한 말이다. 그는 "인간은 무한한 능력을 지니고 태어나지만, 평생 10분의 1 정도만 활용한다"라고 했는데, 그 원인을 열등감에서 찾았다. 또한, 그는 자존감에 관한 간단한 공식을 제시하기도 했다. 그에 의하면, 성공을 욕구로 나눈 값이 바로 자존감이다. 이 공식에 따르면 자존감은 성취를 늘리거나 욕구를 줄여야만 커질 수 있다.

인생은 우리가 어떻게 생각하고 행동하냐에 따라서 크게 달라진다. 그 때문에 이왕이면 자신을 힘들게 하보다는 자신을 믿고 존중해야 한다. 즉, 자존심을 앞세우기보다 자존감을 키워야 한다. 그래야만 올바른 선택을 할 수 있고, 원하는 삶에 한 걸음 더 가까이 다가설 수 있다.

미국 경제전문지《포브스Forbes》가 집계하는 부자 순위에서 2년 연속 중국 최고 부자로 선정된 〈알리바바Alibaba〉 창업자 마윈馬雲은 30대 중반까지만 해도 '루저Loser'에 지나지 않았다. 보잘것없는 흙수저 출신에다가 하는 일마다 실패했기 때문이다. 하지만 현재 그의 말은 중국뿐만 아니라 세계를 움직일 정도로 큰 영향력을 갖고 있다.

그는 원하는 고등학교에 들어가지 못해서 재수했을 뿐만 아니라 대학 입시에서도 세 번이나 떨어진 후 겨우 입학했다. 그나마도 정원미달이었기에 가능한 일이었다. 대학 졸업 후 입사시험에서도 무려 30번이 떨어졌고, 〈KFC〉 아르바이트 채용에서도 유일하게 탈락했다. 툭 튀어나온 광대뼈와 곱슬머리, 162cm의 작은 키와 삐쩍 마른 몸이 서비스업에 부적합하다는 것이 그 이유였다. 또한, 영어를 배우기 위해 무작정 자전거를 타고 호텔로 가서 외국인에게 말을 걸고 그들에게 무료로 관광 안내를 하기도 했다.

그 후 미국의 친구들에게 인터넷을 배워 중국 최초의 인터넷 기업인 〈차이나 옐로페이지China Yellow Page〉을 세웠지만, 인터넷 기반시설이 크게 부족해서 힘들게 만든 고객의 홈페이지가 제대로 열리지 않아 사기꾼으로 몰리기도 했다. 그러다가 1999년 17명의 젊은이와 함께 창업자금 50만 위안으로 항저우에 〈알리바바닷컴〉을 세운 후 인생이 180도로 바뀌었다.

잘못한 것을 잘못했다고 솔직하게 인정하고, 실수를 바로 잡는 사람이야말로 자존감 있는 사람이다. 그런 점에서 마윈은 삶의 멘토로 삼기에 전혀 손색이 없다. 그는 실패와 좌절에 집착해서 자신을 하찮게 여기는 사람들을 향해 이렇게 말한다.

"당신의 가족이 얼마나 가난하건, 당신의 잠재력을 의심치 말고 야망을 버리지 말라. 당신의 가족이 당신을 쓸모없다고 여겨도 아무도 당신을 동정해주지 않는다. 당신의 부모가 당신 병원비를 못 대줘도 아무도 당신을 불쌍하게 생각하지 않는다. 당신이 경쟁자에게 무참하게 깨져도 아무도 가엾게 여기지 않는다. 당신이 연인에게 버림받아도 마찬가지다.

당신이 35세 때까지 아무것도 이루지 못했다고 해도 아무도 당신을 불쌍하게 생각하지 않을 것이다."

만일 그가 스스로 존경하고 가치 있게 생각하는 자존감이 아닌 수많은 실패에 집착해서 자신의 가치와 품위를 깎아내리는 자존심만 중요하게 생각했다면 그는 지금쯤 어떤 인생을 살고 있을까. 장담할 수는 없지만, 지금처럼 크게 성공하지는 못한 채 평범한 삶을 살고 있을 가능성이 크다.

자존감이 낮은 사람들에게는 공통점이 있다. 자존심에 유난히 집착한다는 것이다. 그런 사람들일수록 사소한 말에도 쉽게 상처받고 화를 잘 낼뿐만 아니라 다른 사람과 자신을 자주 비교한다. 그것이 잘못되었다는 것은 아니다. 만일 그렇게 해서 자신이 원하는 삶을 살고 행복하다면 다행이지만, 그렇지 못할 가능성이 크기에 문제다.

두려움과 열등감은 자존심의 주된 원인의 하나다. 그것은 우리의 성장을 가로막는다. 이에 대해 미국의 의사이자 정신분석가인 카렌 호나이^{Karen} ^{Homey} 박사는 이렇게 말한 바 있다.

"모든 사람의 내면에는 자아를 실현하려는 성향이 숨겨져 있다고 한다. '안 될 것'이라는 두려움과 열등감 때문이다. 그것을 제거해야만 한다. 그러면 누구나 작은 도토리가 크고 멋진 참나무로 자라듯 자아를 발전시켜서 완전히 실현할 수 있다."

▶▶▶ 자존심에 집착할수록 독불장군이 될 가능성이 크다. 따라서 헛된 자존심은 가능한 한 빨리 버리는 것이 좋다. 그 대신에 자신의 가치를 소

중히 여기고 스스로 존중하는 자존감을 키워야 한다. 다만, 미국 플로리다주립대학 심리학과 로이 바우마이스터^{Roy Baumeister} 교수에 의하면 "높은 자존감을 지닌 사람은 주변인에게 공격적이고 지배하려는 경향이 강하며, 자존감이 낮은 사람은 상대적으로 공격성이 낮다"라는 연구 결과도 있는 만큼 무조건 자존감을 높이는 것보다는 건강하게 유지하는 것이 중요하다.

마음을 털어놓을 사람이
한 명쯤 있어야 한다

내가 만나는 사람은 누구나 어떤 면에서는 나보다 훨씬 뛰어나다.
그런 점에서 나는 그들에게서 배운다.

__랠프 월도 에머슨

깜깜한 밤길을 운전하다 보면 앞에 차가 있을 때 한결 수월하게 운전할 수 있다. 마음도 훨씬 안정되고 편안하다. 그들이 운전하는 차에서 나오는 불빛이 어둠을 밝혀주기 때문이다.

우리 인생에도 그런 차와 같은 사람이 한 명쯤 있으면 얼마나 좋을까. 그런 사람을 이미 만나서 큰 위안과 도움을 받는 이도 있을 것이다.

그런 사람을 '멘토'라고 한다. 멘토는 우리가 가려는 목적지에 이미 도착한 사람들이다. 그 때문에 많은 경험과 지혜를 갖고 있다. 그들은 그것을 바탕으로 다른 사람을 지도하고 조언한다. 부족한 점은 채워주고, 잘못된 점은 바로 잡아주면서 올바른 방향으로 이끄는 것이다. 또한, 힘들 때마다 마음을 다독이며 따뜻하게 위로하기도 한다. 그 때문에 좋은 멘토가 있는 사람일수록 위기에 강하고, 자기가 원하는 목표를 달성할 가능성이 크다.

영화 〈굿 윌 헌팅Good Will Hunting〉은 세상과 사람들로부터 외면당한 한 청년이 사려 깊은 멘토를 만나서 자립에 성공하는 과정을 감동적으로 그리고 있다.

뛰어난 인재들이 모인 MIT 공대. 수학과 교수 램보가 강의를 마치며 난해한 수학 문제를 칠판에 적는다. 다음 수업 시간, 누군가가 풀어놓은 문제를 보고 놀란 그는 문제를 푼 사람이 누구인지 학생들에게 묻지만, 아무도 대답하지 않는다. 의문의 문제 풀이가 계속되던 어느 날, 그는 복도를 지나다가 젊은 청소부가 칠판에다 뭔가를 적고 있는 것을 보고 깜짝 놀란다. 그가 수학 문제를 풀고 있었기 때문이다.

청소부의 이름은 윌 헌팅. 한 번 기억한 것은 절대 잊지 않는 천재적인 두뇌를 가졌지만, 어린 시절 학대를 받아 마음의 문을 닫아 버렸다. 그 후 질 나쁜 친구들과 어울리면서 툭 하면 사고를 일으키는 일을 반복하는 삶을 산다.

그의 재능을 아깝게 여긴 램보는 자신의 대학 동기, 션 맥과이어에게 그를 맡긴다. 하지만 그는 션 앞에서도 엇나가기 일쑤다. 션을 화나게 하려고 일부러 날카로운 막말을 던지기도 한다. 하지만 션은 그의 그런 행동이 과거의 상처 때문이라는 것을 알고 끈기 있게 그와의 상담을 이어간다. 그러자 그동안 자신이 만나 온 어른들과는 너무도 다른 션에게 윌은 조금씩 마음을 열고, 션은 그에게 인생을 사는 다양한 지혜를 가르쳐 주며 그의 참스승이 되어준다.

〈굿 윌 헌팅〉은 좋은 멘토가 우리 삶에 얼마나 큰 영향을 미치고 중요한 역할을 하는지 보여준다.

군이 그런 멘토가 아니라도, 살다 보면 마음을 편하게 털어놓을 수 있는 사람이 한 명쯤은 있어야 한다. 문제는 그런 사람을 만나기란 여간 쉽지 않다는 것이다. 가장 큰 이유는 그런 사람일수록 자신보다 경험과 지식, 지혜, 나이가 많아야 하며, 사회적 지위 역시 높아야 한다는 고정관념 때문이다. 여기에는 자신과 그 사람의 수준을 똑같이 하고 싶은 빗나간 욕망이 들어 있다. 즉, '그 정도 사람쯤은 되어야지 내 이야기를 듣고 해결할 자격이 있다'라는 그릇된 마음이 들어 있는 것이다.

그래서는 복잡한 마음을 털어놓을 수도, 해결할 수도 없다. 길에서 우연히 만나는 노숙자에게서 삶의 교훈을 배울 수도 있고, 갓 입사한 신입사원이나 아이들에게서 잊고 있던 열정과 이해관계에 집착하지 않는 순수함을 배울 수 있어야 한다. 매일 마주치는 동료나 친구 중에도 삶의 내공이 깊은 사람이 있을 수 있다.

우리는 언제 마음을 털어놓을 사람이 필요하다는 사실을 절실히 느낄까. 한 설문조사에 따르면, '마음이 괴로울 때'라는 대답이 가장 많았고, '중요한 결정을 내려야 할 때', '불확실한 미래가 두려울 때', '인간관계 때문에 괴로울 때', '삶의 지혜가 필요할 때', '하는 일이 잘 풀리지 않을 때'라는 대답이 그 뒤를 이었다.

몇 년 전부터 매달 마지막 주 토요일에는 절대 만날 수 없는 친구가 있다. 처음에는 종교 생활을 충실히 하거나 봉사활동을 열심히 하는 줄만 알았다. 그래서 간혹 친구 모임에서 만날 때면 "죽어서 천당 가게"라며 짓궂은 농담을 하기도 했지만, 이렇다저렇다 별말이 없었다.

나중에 안 사실이지만, 친구는 그때마다 고향에 내려가서 한 라디오

수리공을 만난다고 했다. 고장 난 라디오가 있기 때문이 아니었다. 오로지 그와 얘기를 하는 것이 전부였다. 친구는 고향 집 부모님 라디오가 고장 나서 우연히 알게 된 라디오 수리공이 학력이나 사회적 지위는 자신보다 떨어질지 모르지만, 경험과 지혜만은 자신보다 훨씬 뛰어나다고 했다. 그래서 한 달에 한 번씩 그를 방문해서 누구에게도 말 못 할 고민을 털어놓기도 하고, 이런저런 얘기를 하며 마음의 해묵은 때를 벗긴다고 했다.

그런가 하면 직장 내 인간관계 때문에 고민하던 한 친구는 회사에서 멀리 떨어진 술집을 자주 찾았다. 술을 좋아해서도, 잘 마셔서도 아니었다. 그 역시 술집 주인과 순전히 얘기하기 위해서 그곳을 찾았다. 그는 그곳에서 자신을 괴롭히는 상사의 뒷이야기도 하고, 흉도 보면서 그간 쌓인 스트레스를 풀었다. 술집 주인이 솔로몬의 지혜 같은 현명한 해법을 제시해서가 아니었다. 그가 하는 얘기를 그저 조용히 들어주기만 할 뿐이었다. 그런데도 신기하게 위로가 되었다.

멘토를 너무 멀리서 찾으려고 해서는 안 된다. 또한, '특별한 사람만 멘토가 될 수 있다'라는 선입견 역시 버려야 한다. 주위를 살펴보면 멘토가 될 수 있는 사람이 얼마든지 있기 때문이다.

누가 뭐라고 해도 가장 좋은 멘토는 역시 매일 마주하는 가족이다. 문제는 가족에게 '힘들다'라고 하기가 매우 어렵다는 것이다. 알다시피, 가족은 나를 가장 잘 알고 걱정해주는 사람이다. 하지만 그것이 오히려 속마음을 털어놓기 어렵게 한다. 가족에 대한 책임감과 거기서 비롯되는 멋쩍은 부끄러움 때문이다. 그렇다면 부모님과 형제자매는 어떨까.

산전수전의 삶을 통해 수많은 삶의 지혜를 보유한 부모님과 형제자매 역시 좋은 멘토로 전혀 손색이 없다. 특히 부모님과 형제자매는 어린 시절부터 나를 봐왔기에 가족 못지않게 나에 대해서 잘 안다. 그 때문에 속마음을 털어놓기가 한결 편할뿐더러 힘들 때 따뜻하게 위로받을 수 있다. 학창 시절 선생님이나 친구, 직장 선후배 역시 마찬가지다. 그들만큼 사회에서의 우리의 참모습을 잘 아는 사람도 드물다. 따라서 진심을 털어놓으면 얼마든지 위로받을 수 있다.

▶▶▶ 누군가에게 복잡한 속내를 털어놓는 것만으로도 마음의 해묵은 때와 무거운 짐을 얼마든지 해결할 수 있다. 우리가 진정으로 원하는 것은 솔로몬의 지혜가 아닌 위로받는 것이기 때문이다. 그 때문에 살면서 힘들 때마다 마음을 털어놓고 위로받을 수 있는 사람이 한 명쯤은 꼭 있어야 한다.

누구나 도망치는
하루가 필요하다

휴식이 끝난 후 자신도 모르게 일이 잘 진행되는 경우가 있다.
수많은 문제가 해결되고, 사고는 풍부해지며, 화술은 세련되어진다.

__ 카알 힐티

심리학에 '절정 체험Peak Experience'이라는 용어가 있다. 미국의 심리학자 아브라함 매슬로Abraham Maslow가 최초로 정의한 용어로 '특별한 성취를 해내는 순간에 심리적으로 극도의 행복을 느끼는 것'을 말한다. 한 가지 일에 고도로 집중했을 때 역시 절정 체험을 경험할 수 있다. 그만큼 절정 체험은 삶에 활력을 준다. 문제는 그것이 우리가 원한다고 해서 무조건 경험할 수 있는 것은 아니라는 것이다. 휴식과 회복이 최적화된 환경에서만 경험할 수 있기 때문이다.

신경과학자들에 의하면, 창의적인 발견의 16%만 일하는 도중에 나왔을 뿐, 나머지는 휴식할 때나 그 직후에 나왔다고 한다. 단, 이때의 휴식은 일에서 완전히 벗어난 그야말로 완전한 휴식이었다. 이 말은 일에 몰입하는 것이 최선은 아님을 말하고 있다. 대부분의 창의적 발견이 책상 앞이 아닌 휴식에서 비롯되었기 때문이다.

빌 게이츠[Bill Gates]는 일 년에 두 차례 시애틀 인근의 후드 커넬에 있는 별장에 머물며 '생각 주간[Think Week]'을 갖는 것으로 유명하다. 별장에 집기라고는 침대와 식탁, 냉장고, 책상, 의자, 컴퓨터가 전부다. 그 기간에 별장을 찾는 사람 역시 하루 두 차례씩 간단한 음식을 넣어주는 관리인이 유일하다. 그만큼 세상과 단절되어 홀로 지낸다. 그곳에서 그는 혼자 조용히 머물며 책을 읽거나 오로지 생각만 한다. 인터넷 브라우저 익스플로러, 온라인 비디오 게임 등 굵직굵직한 아이디어들이 바로 이 '생각 주간'에서 나왔다.

빌 게이츠 외에도 워런 버핏[Warren Buffett], 손정의[孫正義], 버락 오바마[Barack Obama] 같은 세계 최고 리더들 역시 아무에게도 방해받지 않는 자기만의 '생각 시간[Thinking Time]'을 주기적으로 가진다는 공통점을 갖고 있다. 예컨대, 워런 버핏은 자신의 성공 비결을 '1년에 50주 생각하고 2주 일한다'라고 했으며, 〈소프트뱅크[SoftBank Group]〉 손정의 회장은 아무리 바빠도 하루에 10분은 반드시 자기만의 시간을 가진다고 했다. 미국 전 대통령 버락 오바마 역시 중요한 의사결정 전에 반드시 생각을 정리하는 혼자만의 시간을 가진다.

기업 역시 마찬가지다. 〈구글[Google]〉 같은 세계적인 기업은 직원들에게 자유롭게 생각하는 시간을 배려함으로써 창조적 성과를 최대한 끌어낸다. 그렇다고 해서 억지로 생각하게 하는 것은 아니다. 그저 편안히 쉬고, 하고 싶은 일을 하면서 노는 것이 전부다. 즉, 조용히 휴식하면서 회복 시간을 갖는 것이다.

이는 주기적으로 회복 시간을 가져야만 최고의 성과를 끌어낼 수 있음을 뜻한다. 또한, 회복 시간은 독창성 및 생산성, 인간관계에도 큰 영향을 미친다.

하와이 북서쪽 끝에 있는 작은 섬, 카우아이Kauai. 하와이 4개 섬 중 가장 인간의 손길이 닿지 않아 순수하고 웅장한 고대의 자연을 만날 수 있는 마지막 파라다이스로 꼽히는 이곳은 한때 주민 대부분이 범죄자나 알코올 중독자, 정신질환자로 많은 심리학자와 의사들의 연구대상이었다. 에미 워너Emmy Werner 박사 역시 그중 한 사람이다.

1955년 그녀를 비롯한 다수의 소아·청소년과 의사, 사회복지사, 심리학자들은 이 섬에서 출생한 신생아 698명이 성인이 될 때까지 추적, 조사하는 대규모 연구에 착수했다. 사회과학 역사상 가장 야심 찬 프로젝트 중 하나로 꼽히는 40년간의 종단 연구(오랜 세월 동안 같은 연구 대상자를 계속 추적 조사하는 연구)였다.

그들은 그중 특히 더 열악한 환경에서 자란 201명의 아이들을 집중적으로 조사했다. 열악한 환경이 아이들의 삶에 어떤 영향을 미치는지 알고 싶었기 때문이다. 특히 그것이 범죄나 약물중독, 우울증 같은 사회적 부적응에 어떤 영향을 미치는지 그 원인을 밝히고자 했다. 하지만 이 시도는 결국 실패로 끝났다. 아이들의 약 3분의 1인 72명이 출생과 환경의 영향을 받지 않고 매우 성숙하고 자존감 높은 성인으로 성장했기 때문이다. 대부분 아이들이 사회부적응자가 될 것이란 가설이 깨지는 순간이었다.

연구를 주도했던 에미 워너 박사는 그 아이들에게서 공통적인 속성을 발견했고, 이를 '회복 탄력성Resilience'이라고 이름 붙였다. 회복 탄력성이란 고무줄을 당겼다 놓았을 때 처음 상태로 돌아가는 힘을 말한다. 즉, 스트레스와 불안, 역경을 이겨내고 더 큰 성공을 끌어내는 마음의 근육이라고 할 수 있다.

회복 탄력성이 높은 사람은 역경에 맞닥뜨렸을 때 원래 자신이 있던 자리로 금방 되돌아올 뿐만 아니라 오히려 더 높이 올라간다. 또한, 그들은 실수나 실패를 크게 신경 쓰지 않고 항상 도전하는 삶을 산다. 그만큼 자존감이 높고 긍정적이다.

자신이 원하는 삶을 살려면 회복 탄력성을 키워야 한다. 어떻게 하면 회복 탄력성을 키울 수 있을까.

《회복 탄력성이 높은 사람들의 비밀It's Not the End of the World》의 저자인 미국의 심리학자이자 정신·신체 통합의학 분야의 세계적 전문가인 조앤 보리센코Joan Borysenko 박사는 회복 탄력성을 키우는 방법으로 '긍정적으로 사고하기', '규칙적으로 운동하기', '친구와 소통하기', '명상하기', '휴식' 등을 적극적으로 추천한다. 그중 가장 강조한 것이 바로 휴식이다. 잘 쉬어야만 재충전해서 리셋할 수 있기 때문이다.

"누구나 도망치는 하루가 필요하다. 과거와 미래를 의식적으로 분리하고 가족, 친구, 직장과 떨어져서 사는, 그 어떤 문제도 일어나지 않는 하루가 우리에게는 필요하다. 우리 자신에게서 절대 떨어지지 않는 고민으로부터 우리는 한 번쯤 떨어질 필요가 있다."

__ **미국의 시인, 마야 안젤루**Maya Angelou

▶▶▶ 누구나 살면서 수많은 역경과 좌절을 겪는다. 이때 중요한 것은 가능한 한 이른 시일 안에 그것을 딛고 일어서는 것이다. 그러자면 마음

의 근육인 회복 탄력성을 반드시 키워야 하는데, 거기에는 휴식보다 좋은 것이 없다. 휴식이야말로 일에 더욱 몰입하게 하고 지친 몸과 마음을 회복하는 최고의 비결이기 때문이다.

인간관계에도
다이어트가 필요하다

세상은 거울과도 같다.
사람들과의 관계에서 겪는 문제 대부분은 스스로와의 관계에서 겪는 문제를 거울처럼 보여준다.
군이 밖으로 나가서 다른 사람들을 바꿔 놓을 필요 없다.
자기 생각을 조금씩 바꿔 나가다 보면 주위 사람들과의 관계는 자동으로 개선된다.

__ 앤드루 매슈스

"독수리는 비둘기와 함께 날지 않는다"라는 말이 있다. 둘은 처음부터 서로 어울릴 수 없기 때문이다.

독수리와 비둘기는 전혀 다른 날갯짓을 한다. 독수리는 하늘 높이 날아서 먹이를 찾기 위해 상승기류를 이용한다. 날갯짓은 거의 하지 않는다. 하지만 비둘기는 그리 높지 않은 곳을 나는 데도 끊임없이 날갯짓해야 한다. 거기에 생존이 달려 있기 때문이다.

인간관계에도 독수리와 비둘기처럼 서로 맞지 않는 사람들이 있다. 그러다 보니 어떤 평계를 대서라도 서로 마주치는 것을 피하려고 한다. 혹시 우연히라도 마주치면 매우 불편해하고 어색해한다.

한번 관계를 잘못 맺으면 정리하기가 쉽지 않을뿐더러 두고두고 후회하는 것이 바로 인간관계이다. 그 때문에 많은 사람이 인간관계 때문에 고민하고 힘들어한다. 그런데도 많은 사람이 아무 생각 없이 처음 보는 사람과 친해지기 위해 마음에도 없는 얘기를 하거나 무조건 다른 사람에게 맞추려고 한다. 그 이유는 억지로라도 친해지지 않으면 일하는 데 어려움이 생길 수도 있고, 혼자가 될 수도 있다는 두려움 때문이다. 물론 일하다 보면 누구나 그럴 수 있다. 또 그래야만 하는 것이 현실이다. 문제는 일을 떠나서 만나는 관계이다.

미국 최고의 비즈니스 컨설턴트이자 사회학자로 30년 동안 수많은 사람의 고민을 상담해온 젠 예거Jan Yager 박사는 《몇 명쯤 안 보고 살아도 괜찮습니다When Friendship Hurts》에서 이렇게 얘기한다.

"친구 관계가 끝나거나 실패해서는 안 된다는 낭만적인 생각 때문에 많은 사람이 반드시 끝내야 하는 마땅한 관계를 지속하면서 불필요한 고통을 받고 있다."

한마디로 자신이 불편한 관계는 더는 유지할 필요가 없다는 것이다. 특히 자신에게 독이 되는 친구, 예컨대 자기 말만 하는 친구는 배려심이 없을 뿐만 아니라 자존감을 떨어뜨리기에 가능한 한 빨리 멀리해야 한다고 젠 예거 박사는 주장한다.

"당신 말에 귀 기울이지 않는 친구는 당신의 자존감을 갉아먹는다. 그와의 관계가 오랫동안 이어질수록 더욱더 그렇다. 당신이 건전한 자아관을 갖고 친구 관계를 긍정적으로 발전시키려면 일방적으로 친구의 얘기를 들어주는 역할만 해서는 안 된다. 자기에게만 몰두하는 사람에게는 배려란 없다. 그런 점에서 그 친구는 오직 말할 기회를 얻기 위해서 당신의 이야기를 듣는 것이다."

단, 이때 주의할 점이 있다. 선을 긋거나 거리를 두는 것이 아니라 깔끔하게 관계를 정리해야 한다는 것이다. 그래야만 더는 그로 인해 고통

받지 않고 불편하지 않기 때문이다.

대부분 인간관계의 상처는 일하면서 만난 사람과의 사이에서 일어난다. 서로의 이해관계의 차이에서 비롯되는 것이다. 그리고 그 중심에는 항상 돈이 있다.

많은 사람이 '돈이 많을수록 더 행복할 것'이라고 생각한다. 어느 정도 진실에 가깝지만, 그렇다고 해서 완전히 맞는다고 할 수도 없다. 행복은 돈이 아닌 인간관계나 마음이 결정하기 때문이다. 돈이 아주 많은 사람보다 가족 관계가 원만한 사람이 더 행복하다는 것이 그 방증이다.

사실 돈이 없으면 제 역할을 하기가 힘들다. 남편 역할, 아빠 역할, 자식 역할 등등. 그 때문에 많은 사람이 돈을 벌기 위해 더 악착같이 일한다. 문제는 그것을 넘어 돈의 노예가 되어 관계를 악용하는 것이다.

사실 낯선 사람이 만나서 서로 100% 이해한다는 것은 애당초 불가능한 일이다. 가장 가까운 가족 사이에도 그런 일은 절대 일어나지 않는다. 그러다 보니 서로 오해하게 되고, 그것이 상처가 되어 사람을 피해서 살기도 한다.

〈나는 자연인이다〉라는 TV 프로그램이 있다. 저마다의 사연을 깊이 간직한 채 자연과 동화되어 욕심 없이 사는 사람들의 이야기를 담은 프로그램으로 40대 이상 남녀 중 마니아층이 적지 않다. 복잡한 삶과 인간관계에서 벗어나 자유롭게 사는 그들의 모습이 내심 부럽기도 하고, 그들을 보면서 대리만족하는 것이다. 그만큼 삶이 힘들고 고단하다는 방증이기도 하다.

자연인 대부분은 해발 고도가 높은 산 속 깊숙한 곳에 산다. 스스로 원해서 그런 삶을 사는 사람도 있지만, 사업 실패나 또 다른 문제 때문에 어쩔 수 없이 그렇게 사는 사람도 적지 않다. 주목할 점은 많은 이들이 하나같이 인간관계가 괴로워서 도망가듯이 그곳에 정착했다는 것이다. 특히 사업하다가 만난 사람, 사회에서 만난 사람과 일이 어긋나서 그런 경우가 많았다.

직장을 그만두고 한참 후 휴대전화를 바꿀 때였다. 주소록을 보니 전화번호를 등록한 사람이 3백 명이 넘었다. 대부분 일 때문에 만난 사람으로 한 번 본 후 두 번 다시 만난 적 없는 사람도 적지 않았다. 오래전에 이미 연락이 끊겨 더는 전화번호를 간직할 이유가 없는 사람도 여럿 있었다. 그렇게 해서 정리하고 나니 50여 명 정도의 전화번호만 남았다. 인간관계가 너무 좁은 것이 아닌가 하는 생각도 들었지만, 그것도 절대 적지 않은 숫자가 아님을 곧 알게 되었다.

언젠가 어떤 책에서 다음과 같은 글을 읽은 적 있다.

"한밤중에 당신 휴대전화에 있는 전화번호에 전화해서 만나자고 하면 과연 몇 명이나 나올 것 같은가?"

그때까지의 인간관계에 대해서 다시 생각하게 하는 말이었다. 지금도 마찬가지다. 그런 질문이 불편하다. 왜냐하면, 단 한 명도 나오지 않을 수 있다는 불안감이 마음 한쪽에 있기 때문이다. 이에 대해 독일의 일간신문 〈쥐트도이체 차이퉁 Süddeutsche Zeitung〉 주필을 지낸 울프 포샤르트 Ulf Poschardt 는 이렇게 얘기한다.

"외로움은 일종의 인간관계의 다이어트이다. 외로울 때면 나는 그 시간을 적극적으로 활용한다. 그 시간에 사람은 성장하고 배울 수 있다. 다른 사람을 통해서가 아니라 자기 내면의 독립성 안에서. 외로움은 내적인 나침반을 새롭게 설정하게 한다."

인간관계는 부메랑과도 같다. 상대가 내게 보인 말과 행동은 사실 내가 상대에게 보인 말과 행동에 대한 부메랑인 셈이다.

영국 총리를 지낸 윈스턴 처칠Winston Leonard Spencer-Churchill이 누군가에게 이런 질문을 받았다.

"총리님처럼 존경받으려면 어떻게 해야 합니까?"

처칠은 질문한 사람을 잠시 쳐다보며 웃음을 지었다. 그리고 이렇게 말했다.

"비결 같은 것은 전혀 없습니다. 상대방을 웃게 하려면 먼저 웃으세요. 마찬가지로 관심을 끌고 싶으면 먼저 관심을 보고, 칭찬을 듣고 싶으면 먼저 칭찬해야 합니다. 사람들은 대접받은 만큼만 다른 사람을 대접합니다. 그 때문에 인간관계에서 자신을 돌아보는 것만큼 중요한 것은 없습니다."

하지만 많은 사람이 자신의 말과 행동은 깨끗이 망각한 채 모든 사람에게 인정받고 존중받으려고 한다. 우리가 인간관계에서 어려움을 겪는 근본적인 이유는 바로 그 때문이다.

하버드대 교수를 지낸 미국의 심리학자 윌리엄 제임스William James에 의하면, 인간의 가장 원초적이며 강한 욕구는 '인정받고 싶은 욕구'라고 한다. 누구나 다른 사람으로부터 인정받기를 원한다. 하지만 거기에는 한 가지 전제조건이 있다. 처칠의 말마따나 인정받으려면 다른 사람을 먼저 인정해야만 한다는 것이다.

인간관계서 가장 중요한 것은 마음의 주파수다. 즉, 같은 곳을 보는 마음의 눈이 중요하다. 그런 사람과는 함께 있는 것만으로도 편안해진다. 그런 점에서 인간관계에도 집중과 선택이 필요하다. 자신에게 독이 되고 자존감을 떨어뜨리는 사람과의 인연은 과감히 정리해야 한다. 또한, 볼 때마다 마음이 불편한 사람, 생각만 해도 피하고 싶은 사람과의 관계 역시 정리할 필요가 있다. 그 대신 자신이 되고 싶은 모습과 닮은 사람들과 관계를 맺고, 그들의 지혜와 경험을 적극적으로 배워야 한다.

▶▶▶ 인생을 함께하고 싶은 사람을 만나고 싶다면 말이 아닌 행동에 주목하라. 말은 좋지만, 행동이 말과 어긋나는 사람이라면 그의 말만으로 만족해야 한다. 반대로 말은 그리 좋지 않지만, 행동이 모범적이라면 그의 행동을 본받아라. 그 둘이 일치하는 사람을 친구이자 스승으로 삼아야 한다.

아이는 온실 속 화초가 아닌
야생화처럼 키워야 한다

어른 말을 잘 듣는 아이는 없다.
하지만 어른이 하는 대로 따라 하지 않는 아이도 없다.

__ 제임스 볼드윈

올봄에 시골로 이사한 친구 집을 방문한 적 있다. 못 본 지도 오래되었고, 무엇보다도 그의 시골살이가 무척 궁금했기 때문이다. 일여 년 만에 본 그는 그다지 변한 게 없어 보였다. 오랜만의 만남을 내색할 줄도 몰랐고 무덤덤했다. 어제 퇴근 후 오늘 다시 만난 사람처럼 "왔냐?"라고 한마디 할 뿐이었다.

서울에서와는 달리 그의 몸은 보기 좋게 그을려 있었다. 간간이 보이는 미소 역시 시골살이에 만족하고 있음을 보여줬다. 하기야 시골살이는 도시 출신인 그의 로망이기도 했으니, 그것을 이룬 삶이 만족스럽지 않을 리 없었다.

친구 집에 들어서자 열 평 남짓한 화단이 보였다. 때마침 철쭉꽃이 보기 좋게 피어 있기에 "꽃 키우는 취미도 있었냐?"라고 했더니, 알 듯 모를 듯한 미소를 보이더니 이렇게 말했다.

"꽃 키우는 게 만만치 않아. 어떤 꽃은 심기가 무섭게 금방 시들해져서 죽어버리더라고. 그런가 하면 또 어떤 꽃은 그러다가도 곧 살아나서 저렇게 예쁜 꽃을 피워. 특히 비닐하우스에서 사 온 꽃일수록 신경 써야 해. 조금만 신경 쓰지 않으면 곧 시들어버리거든. 하지만 저기 철쭉처럼 야생에서 자란 꽃은 자생력이 있어. 시들시들하다가도 다시 살아나서 저렇게 예쁜 꽃을 피우거든."

그러고 보니 꽃이 예쁘게 핀 것들은 대부분 야생화였다. 온실에서 자란 것들은 아직 날씨가 덜 풀려서 집 안에 두었다고 했다.

꽃을 키워본 사람이라면 그 말에 대부분 공감할 것이다. 화분을 사서 키우다 보면 온실에서 자란 것일수록 크게 신경 쓰지 않으면 금방 시들해진다. 그러나 야생에서 자란 화초는 대충 내버려 둬도 때가 되면 스스로 꽃을 피운다.

아이들 역시 마찬가지다. 부모의 과잉보호를 받고 자란 아이보다는 적당한 관심을 받고 자란 아이가 더 승리욕 있고 어려움 역시 잘 이겨낸다. 과잉보호를 받고 자란 아이는 독립적인 인간이 되는 것을 충분히 배우지 못할 뿐만 아니라 조그만 걸림돌에도 넘어지기 쉽다.

아이의 모든 생활을 위에서 내려다보듯 통제하고 간섭하는 부모를 일명 '헬리콥터 부모Helicopter Parents'라고 한다. 그런 부모 아래서 자란 아이들은 대부분 자립심이 없다. 모든 것을 부모가 알아서 해줬기 때문이다. 그러다 보니 뭔가를 결정해야 할 때마다 "어떻게 하지?"라며 부모의 생각을 묻는다. 또한, 그런 부모일수록 아이가 원하는 것이 뭔지 잘 모른다. 오죽하면 "자기 아이를 가장 잘 모르는 사람은 부모"라는 말이 있을 정도다.

혹시 알더라도 그것이 사회적으로 인정받지 못하면 애써 무시하고 많은 사람이 인정하는 일을 강요한다. 아이의 인생을 자기 인생처럼 착각하는 것이다. 과연 그것이 언젠가는 홀로 세상을 살아가야 하는 아이를 위한 제대로 된 교육일까.

요즘 뉴스를 보면 아이들이 일으키는 사건 사고가 장난이 아니다. 아이들이 했다고는 도저히 생각할 수 없을 만큼 혀를 내두르게 하는 일이 하나둘이 아니다. 아이라고 해서 용서할 수 있는 수준을 넘어선 것이 많기 때문이다.

문제는 그것을 바라보는 아이 부모의 태도다. 피해자에게 미안해하는 것이 인지상정이지만, 때로는 그런 예상을 뛰어넘는 부모도 간혹 있다.

그들은 "우리 아이도 피해자"라며 말도 안 되는 얘기로 문제를 오히려 더 키운다. 그런 기사에는 어김없이 "그 부모에 그 자식이다. 부모가 저러니 아이가 뭘 보고 배웠겠냐"라는 댓글이 달리곤 한다. 물론 그중에는 가정에 문제가 있는 아이도 있지만, 멀쩡한 가정에서 자란 아이들이 훨씬 많다. 그런 걸 보면 부모의 아이 양육에 근본적인 문제가 있음을 알 수 있다.

비단, 아이들뿐만이 아니다. 삐뚤어진 행동을 곧잘 하거나 도저히 이해가 안 되는 일을 저지르는 성인도 적지 않다. 그들 대부분은 '내가 최고'라는 선민의식 사로잡혀 있는 경우가 많다. 과잉보호 받고 자란 아이들에게서 그런 태도를 자주 볼 수 있다. 역시나 가정교육에 문제가 있는 셈이다.

얼마 전 여덟 살짜리 초등학생을 뺑소니치고 달아났던 카자흐스탄인이 자진 입국해서 첫 재판을 받았다. 그 재판에는 그의 어머니도 모습을 보였는데, 그 말과 태도가 자못 인상적이었다. 진심이 느껴졌기 때문이다. 그 어머니는 어려운 형편에 자식을 제대로 가르치지 못한 죄를 통감한다면서, 피해 어린이가 필요로 한다면 자신의 장기라도 이식하겠다며 거듭 고개를 숙였다.

사실 자기 아이가 다른 사람들에게 손가락질받는 것만큼 부모를 고통스럽게 하는 일도 없을 것이다. 그런데 그런 순간 어떤 부모는 피해자에게 진심으로 사과하고 뉘우치지만, 어떤 부모는 자신은 잘못이 없다며 고개를 뻣뻣이 들곤 한다. 그런 것을 보면 아이를 키우는 데 있어 부모의 품성이 얼마나 중요한지 알 수 있다. 부모만큼 아이에게 좋은 본보기는 없기 때문이다. 따라서 부모가 올바른 가치관을 보이면 아이 역시 그걸 배우면서 바른 품성을 지닌 아이로 자란다.

아이가 잘되길 바라는 부모의 마음은 모두 똑같다. 그 때문에 많은 부모가 아이 공부에 크게 신경 쓴다. 사실 다른 건 몰라도 공부만은 잘해야 한다는 생각은 예전부터 우리 머릿속에 깊이 각인되어 있다. 예전에는 공부만이 출세하는 유일한 수단이었다. 하지만 이제 세상이 변했다. 공부 말고도 성공할 방법이 얼마든지 있다. 따라서 오로지 공부에만 매달릴 것이 아니라 아르바이트 경험도 충분히 쌓게 하고, 다양한 사회 경험을 쌓게 하면서 돈의 소중함뿐만 아니라 자신의 삶을 스스로 개척하게 해야 한다.

아동 심리학자들은 "부모들의 역할은 교통경찰과도 같아야 한다"라고 주장한다. 아이에게 운전기술을 가르친 후 그냥 제 방향으로 가도록 안내하는 역할이면 충분하다는 것이다. 그런 역할을 넘어서 '이리 가라, 저리 가라' 명령하고 심지어 핸들을 빼앗아서 부모 마음대로 운전하면 언젠가는 행로를 이탈하는 비극이 일어난다.

▶▶▶ 아이의 삶은 온전히 아이의 것이 되어야 한다. 부모가 지나치게 간섭하고 과잉보호할수록 아이는 지치고 힘들어질 뿐이다. 또한, 그렇게 하면 아이 스스로 자기 삶을 만들어갈 수 없다. 부모는 아이의 꿈을 키워주고 적극적으로 후원하는 조력자로만 남으면 된다. 그것이 부모의 진정한 역할이다.

아버지도, 어머니도
결국 늙는다

우리가 부모가 되었을 때
비로소 부모가 베푸는 사랑의 고마움이 어떤 것인지 절실히 깨달을 수 있다.

＿ 제임스 볼드윈

내가 어렸을 때만 해도 쉰 살이 넘으면 노인 대접 받으며 편안한 삶을 살았다. 더는 일 하지 않고, 집에서 손자들 재롱을 보면서 한가한 삶을 즐겼다. 그때까지 고생한 삶에 대한 대가이기도 했다. 그것이 잘못되었다며 손가락질하는 사람은 아무도 없었다. 누구나 그것을 당연하게 생각했을뿐더러 나이 들면 자신 역시 그렇게 살 것으로 생각했다. 그런데 그 믿음이 불과 몇십 년 만에 무너지고 말았다. 부모 세대의 불행이라고 할 수 있다.

사회가 급변하면서 부모는 무한 책임자가 되어버렸다. 나이 들어서도 자식들에 대한 걱정과 고민이 이만저만 한 게 아니다. 언제나 돈이 문제다. 잊을 만하면 자식들이 찾아와서 손을 내민다. 겉으로야 웃음 짓지만, 속은 수십 번도 더 문드러졌을 것이다.

주말이면 많은 부모가 아이들을 데리고 이곳저곳을 찾는다. 경제적 여유가 있는 사람들은 휴가나 방학을 이용해서 해외여행을 떠나기도 한다. 아이들에게 좋은 추억을 심어주기 위해서이다. 물론 그럴만한 시간적, 경제적 여유가 없기에 그렇지 못한 사람도 있다. 하지만 그들 역시 아이들에게 최소한의 추억은 심어주기 위해서 아낌없이 노력한다. 그걸 귀찮다고 생각하는 부모는 자신 역시 그런 경험이 없기에 추억의 소중함을 모르기 때문이다.

누구나 생각만 해도 마음이 흐뭇해지는 아름다운 추억 몇 개쯤은 갖고 있을 것이다. 특히 누군가와 함께 여행했던 추억은 쉽게 잊히지 않아 때때로 사진을 보며 그때의 기억을 더듬기도 한다. 그런 추억이 적을수록 오히려 더 선명하게 각인된다. 삶을 돌이켜 봤을 때 그런 추억은 살아가는 큰 힘이 된다.

나 역시 그런 추억 몇 개쯤 있다. 대부분 학창 시절에 친구나 결혼해서 아이가 태어난 후 아이와 관련된 것이다. 아버지나 어머니와 관련된 추억은 없다. 쪼개진 기억 몇 개만 있을 뿐이다. 그러고 보니 어린 시절 아버지 어머니와 어디를 함께 갔던 일이 없다. 몇 장 안 되는 어린 시절 사진만 봐도 그렇다. 네 식구가 함께 찍은 사진은 단 한 장도 없다. 아버지와 함께했던 자리에는 어머니가 없었고, 어머니와 함께했던 자리에는 아버지가 없었다. 시골살이에 여유가 없었던 탓이다. 그 때문에 부모님 중 한 사람은 그때도 쉬지 않고 일해야 했다.

생각건대, 내 또래 특히 시골에서 자란 사람들은 대부분 나와 비슷한 처지였을 것이다. 만일 그렇지 않은 사람이 있다면 소중한 추억을 간직하게 해준 부모에게 정말 고마워해야 한다.

부모님과 처음 여행했던 추억은 결혼 후 아이가 태어나고 나서다. 여름 휴가를 이용해서 변산 해수욕장에 다녀온 몇 시간의 매우 짧은 여행이었다. 그러고 나서 한참 후에 아버지 칠순을 맞아 동생 가족과 함께 경기도를 이틀 동안 둘러봤고, 또 한참 후에 2박 3일 동안 속초에 다녀온 것이 전부다. 그러니까 지금까지도 온전한 우리 가족, 즉 부모님과 나, 동생만의 여행은 단 한 번도 못 해본 셈이다. 가능한 한 빨리 그런 기회를 만들어야겠다고 다짐하면서도 벌써 몇 년째 그것을 실행하지 못했다. 이 사람 저 사람 눈치 봐야 할뿐더러 실행할 만하면 이런저런 사정이 생기기 때문이다.

나이가 들어서 여행하려면 마음은 즐겁지만, 몸이 힘들다. 그 때문에 대부분 아버지 어머니가 마음은 있지만, 어디 가는 것을 망설이는 경우가 많다. 자식 주머니 사정을 걱정하는 애잖은 마음도 있긴 하다. 하지만 그것이 걱정되어서 자꾸만 기회를 미룬다면 나중에 더 큰 후회를 할 뿐만 아니라 마음의 상처로 남을 수도 있다. 따라서 아버지 어머니와의 추억이 없는 사람이라면 더 늦기 전에 함께하는 추억을 만들어야 한다.

《부모님 살아 계실 때 꼭 해드려야 할 45가지》를 엮은 고도원 작가는 "부모님과 대화를 나눌 때는 조금 더 섬세해야 한다"라고 말한다. 무심코 던진 말이 부모님 마음을 다치게 할 수도 있을 뿐만 아니라 가뜩이나 외로운 마음에 서러움만 더할 수 있기 때문이다.

그러고 보니 나는 지금껏 아버지 어머니께 따뜻한 말 한마디 한 적 없다. 연락도 자주 하지 않는다. 그만큼 무미건조하고 무뚝뚝하다. 그 때문에 TV나 주위에서 부모님과 곰살맞게 이야기하는 사람들을 보면 내심

부럽다. 아버지 어머니 역시 그런 자식이 곁에 있었으면 할 것이다. 하지만 꽤 오랜 세월을 그렇게 산 탓에 말이 쉽게 나오지 않는다. 그저 아버지 어머니께서 내 마음을 알아줬으면 할 뿐이다.

갈수록 움츠러드는 아버지 어머니를 볼 때면 울컥해지곤 한다. 그 모습을 볼 때마다 내 젊음과 아버지 어머니의 삶을 바꾼 것만 같다는 생각이 들기 때문이다. 대부분 사람이 나와 같은 마음일 것이다. 그들에게 말하고 싶다. 더 늦기 전에 부모님과 함께하는 추억을 만들라고.

"지금 만약 부모님께서 살아 계신다면, 당신은 정녕 행복한 사람이다. 두 분 중 한 분이라도 살아 계신다면, 이 또한 행복한 사람이다. 당신에겐 아직 기회가 남아 있으니까. 시간은 많지 않다. 뒤로 미루지 말로 바로 시작해야 한다. 더 늦기 전에, 때늦은 회한의 눈물을 흘리며 땅을 치기 전에… 언제 운명의 신이 부모님과 우리 사이를 갈라놓을지 누구도 알지 못한다. 부모님도 모르고, 당신도 모르고, 나도 모른다. 주어진 오늘 이 시간에 최선을 다하는 수밖에 없다."

___ 고도원, 《**부모님 살아 계실 때 꼭 해드려야 할 45가지**》 중에서

▶▶▶ 자식 된 도리를 하기도 쉽지는 않지만, 부모 된 도리와 비교할 바는 아니다. 자식을 키워본 사람이라면 알 것이다. 얼마나 참아야 하고, 얼마나 아파해야 하는지. 그래서 "자식을 낳아봐야 부모 속을 안다"라는 말도 있지 않은가. 아버지도, 어머니도 결국 늙는다. 언제 우리 곁을 떠날지 모른다. 그러니 더 늦기 전에 부모님과의 추억을 만들어야 한다.

● 우리가 행복하지 않은 이유는 과연 무엇일까. '비교'와 '불만' 때문이다. 다른 사람과 자신을 비교하고 불만을 품으로써 스스로 불행에 빠뜨리는 것이다. 남이 잘되는 것과 비교할수록 더 불만족스럽고 불행하기 마련이다.

일본의 철학자 미키 기요시는 이렇게 말한 바 있다.

"우리를 사랑하는 사람들에게 우리가 행복하다는 것보다 더 좋은 일이 있을까?"

__〈내가 행복해야 한다〉 중에서

●● 자신이 원하는 삶을 살려면 세 가지 마음을 가져야 한다. 초심, 열심, 뒷심이 바로 그것이다. 그중 가장 중요한 것이 바로 초심이다. 초심이 없으면 열심을 가질 수 없고, 초심을 잃지 않아야만 뒷심도 나오기 때문이다. 삶이 힘들고 슬럼프에 빠졌을 때일수록 초심이 중요하다. 초심만큼 슬럼프를 예방하고 치유하는 최고의 처방은 없기 때문이다.

__〈초심을 반복해야 하는 이유〉 중에서

●●● 걱정은 우리를 힘들게만 할 뿐 어디에도 데려다주지 못한다. 따라서 걱정에 너무 얽매이지 말고 한 걸음 떨어져서 바라볼 필요가 있다. 걱정을 앞에 두고 우리가 어떻게 마음먹느냐에 따라 인생의 색이 달라지기 때문이다. 아울러 우리가 정말 걱정해야 할 일은 '어떻게 살 것인가'이다.

__〈걱정은 우리를 힘들게만 할 뿐 어디에도 데려다주지 못한다〉 중에서

・・・

PART 3

생   각   은

유   연   하   게

신   념   은

굳   건   하   게

내가 행복해야 한다

행복의 한쪽 문이 닫히면 다른 쪽 문이 열린다.
그러나 우리는 닫힌 문만 오랫동안 바라보기 때문에 우리를 위해 열려 있는 문은 보지 못한다.

___ 헬렌 켈러

능력이 출중하고 잘나가는 사람일수록 다른 사람들의 시기와 질투를
받기가 쉽다. 유명 연예인들에 대한 '악성 댓글'이 그 대표적인 예다. 생
면부지의 사람이 나에 관한 거짓 정보를 마구 퍼뜨리고, 인격 모독을 한
다고 생각해보라. 대부분 그것을 참지 못할 것이다. 그 때문에 그런 일을
겪은 연예인 대부분이 심한 공황 장애를 겪는다고 한다. 심지어 절대 해
서는 안 될 선택을 하기도 한다.

'키 큰 양귀비 증후군Tall Poppy Syndrome'이라는 말이 있다. 정원사가 정원을
가꿀 때 빨리 자라는 꽃은 쳐내는 데서 유래한 것으로, 집단 내에서 재능
이나 성과가 뛰어난 사람이 분노와 공격 대상이 되는 사회현상을 말한
다. 눈에 띄는 장점이 있는 사람이나 잘나가는 사람을 공격해서 깎아내
리는 것이 그 대표적인 예다. 그 때문에 '남보다 빨리 성공할 경우 빨리
꺾일 수 있다'라는 경고의 뜻으로 쓰이기도 한다.

중요한 것은 이런 현상이 널리 퍼진 사회에서 자란 사람은 '튀면 안 된다'라는 걱정을 의식적 혹은 무의식적으로 하게 된다는 것이다. 그 때문에 일 등을 눈앞에 두고도 물러서거나 뛰어난 능력을 숨긴 채 살기도 한다. 이러한 심리는 뇌 과학으로도 입증되었다.

영국 방송사 〈BBC〉의 조사에 의하면, 사람들은 '내가 월급 300만 원을 받고 다른 사람이 350만 원을 받는 것'과 '내가 150만 원을 받고 다른 사람이 100만 원을 받는 것' 중에서 후자를 훨씬 많이 선택했다. 절대 액수보다는 상대적으로 자신이 많이 받는 것에 더 큰 우월감을 느낀다는 것이다.

그렇다면 그것을 피하고자 눈에 띄지 않는 삶을 살아야만 하는 걸까. 능력과 역량이 충분한데도 그것을 드러내지 않은 채 평범한 삶을 살아야만 하는 걸까. 그럴 필요까지는 없다. 문제는 내게 있는 것이 아니라 자존심만 높고 자존감은 낮은 그들에게 있기 때문이다. 즉, 그들은 심각한 열등감에 사로잡혀 있다. 그 때문에 그것을 풀고자 잘못된 방법을 택한 것이다. 그러면서도 자신의 존재가 드러날까 봐 끊임없이 불안해한다. 이에 대해 미국의 의사이자 정신분석가인 카렌 호나이 박사는 이렇게 말한 바 있다.

"낮은 자존감은 애정결핍과 개인적인 성취에 극단적인 열등감을 느끼는 성격을 초래할 수 있다."

불안을 끌어안고 사는 사람은 다른 사람에게 사랑받고 싶은 욕구, 인정받고 싶은 욕구, 칭찬받고 싶은 욕구, 성공하고 싶은 욕구, 안주하고 싶은 욕구, 의존하고 싶은 욕구에 사로잡혀 있다. 그러나 이러한 욕구 역시 지나치면 폭발하게 되어 있다. 앞서 말한 유명 연예인들에 대한 '악성 댓글'이 그 대표적인 예다.

　　벌써 15년째 한적한 시골 면 소재지에서 경찰 생활을 하며 사는 친구가 있다. 친구는 대부분 동료가 아이 교육과 문화생활, 의료 서비스 등을 이유로 도시로 발령받고자 애쓸 때 일찌감치 도시를 떠나 그곳에 정착했다. 도시 출신인 그가 도시가 싫다며 스스로 떠난 것이다.

　　사실 그 소식을 처음 들었을 때는 친구보다는 그 아내가 대단하다는 생각이 들었다. 도시에서 누릴 수 있는 온갖 혜택과 즐거움을 포기하고 아는 사람 하나 없는 낯선 시골에서의 삶을 순수히 받아들였기 때문이다. 생각건대, 그것은 아무나 할 수 있는 일이 아니다. 온갖 낯선 것과 마주하는 용기가 없다면 그런 선택을 감히 할 수 없기 때문이다. 예컨대, 우리가 새로운 직장을 선택할 때 망설이는 이유는 대부분 일이 아닌 사람에 있다. 낯선 사람들과 새로운 관계를 맺어나가는 일이 부담스러운 데서 불안을 느끼기 때문이다. 그런데 친구 아내는 남편의 이기적인 선택을 받아들였다.

　　그때만 해도 먹고사는 일에 치여가며 바쁘게 살던 나는 그 일을 그다지 대수롭지 않게 생각했다. 몇 년쯤 살다가 아이들이 학교 들어갈 때쯤 다시 도시로 나오겠거니 했다. 하지만 그것은 내 착각이었다. 그때쯤 되자 친구와 그의 아내, 아이들 모두 그곳에서의 생활에 완전히 적응했을 뿐만 아니라 크게 만족하고 있었기 때문이다. 그렇게 15년이 흘렀다.

　　학교 다닐 때도 특별히 즐기는 일이 없던 친구에게 시골의 한가로움이 지루할 법도 했지만, 그는 그럴 시간조차 없다고 했다. 여기저기서 자신을 찾기 때문이다. 언젠가 한 번은 한밤에 전화해서 집 주소를 가르쳐 달라고 했다. 농담 삼아 '나는 잘못한 일이 없는데'라고 했더니, "오늘 아는 사람 고구마밭에서 고구마를 수확했는데, 제법 많이 얻어서 한 상자 보내줄게"라고 했다. 고구마 캐는 경찰이라니, 나도 모르게 웃음이 나왔다. 그러면서 마음 한쪽이 뭉클해졌다.

친구는 시골에 살면서부터 시간이 날 때마다 낚시를 즐긴다. 한번은 까맣게 탄 얼굴로 나타났기에 한여름 땡볕 정도는 피해서 하는 게 어떠냐고 했더니 이렇게 말했다.

"바쁜 생활에 쫓겨 정신없이 일하다 보면 내가 나 같지가 않아. 무엇을 위해서 사는지 모를 때가 많거든. 그때부터 얼굴에서 웃음이 싹 사라졌어. 그런데 땡볕 아래서 물고기 입질을 기다리다 보면 입가에 웃음이 저절로 지어져."

순간, '아, 그것이 행복이라는 것이구나'라는 생각이 들었다.

나 역시 그런 기억이 있다. 아이가 어렸을 때, 좋아하는 일에 몰입할 때 웃음이 저절로 지어졌다. 아이를 보는 것만으로도 행복했고, 좋아하는 일을 한다는 사실이 매우 기뻤다.

소확행. '소소하지만 확실한 행복'이라는 뜻이다. 일본 소설가 무라카미 하루키村上春樹가 맨 처음 사용한 이 말이 최근 많은 사람 입에 오르내리고 있다. 물질과 출세욕에 사로잡혀 앞만 보고 달려온 사람들이 비움과 느림, 일상 속 행복의 중요성을 비로소 깨달은 것이다.

"갓 구운 빵을 손으로 찢어 먹는 것, 오후의 햇빛이 나뭇잎 그림자를 그리는 걸 바라보며 브람스의 실내악을 듣는 것, 서랍 안에 반듯하게 접

어 넣은 속옷이 잔뜩 쌓여 있는 것, 겨울밤 부스럭 소리를 내며 이불 속
으로 들어오는 고양이의 감촉…"

___ 무라카미 하루키, 〈랑겔한스 섬의 오후〉 중에서

하나같이 크고 허황한 것이 아닌 일상에서 쉽게 접하는 사소한 것들
이다. 그런데 무라카미 하루키가 거기서 행복을 느낀다고 하자 일제히
거기에 관심을 두기 시작했다.

지금까지 우리는 크고 대단한 것에서만 행복을 찾으려고 했다. 그러다
보니 행복하기가 쉽지 않았다. 행복은 멀리 있지 않다. 크고 대단한 것에
만 있는 것도 아니다. 행복은 습관이라는 말이 있듯, 행복하기 위해 애쓰
지 말고 행복하면서 살아야 한다.

중년이 되면 삶에 자그마한 즐거움을 안겨주는 일들을 더 잘 인식하
게 된다. 또한, 자신의 부족하고 어리석은 부분을 비로소 인정하고, 주변
사람들에게 너그러워지기도 한다. 젊은 날 원대하게 세웠던 계획들이 대
부분 분별력이 없거나 허영심에 가득 찼다는 사실을 깨닫는 것도 이때
다. 중요한 것은 그러는 순간, 마음이 오히려 편안해진다는 것이다.

무엇보다도 내가 먼저 행복해야 한다. 내가 행복하지 않으면 그 무엇
도 소용없다. 가족의 행복 역시 마찬가지다. 누구도 가족의 행복을 대신
만들어줄 수는 없다. 그 때문에 가족의 행복을 바란다면 내가 먼저 행복
해야만 한다.

▶▶▶ 우리가 행복하지 않은 이유는 과연 무엇일까. '비교'와 '불만' 때
문이다. 다른 사람과 자신을 비교하고 불만을 품으로써 스스로 불행에

빠뜨리는 것이다. 남이 잘되는 것과 비교할수록 더 불만족스럽고 불행하기 마련이다. 조선 선조 때 영의정을 지낸 이원익은 "뜻과 행동은 나보다 나은 사람과 비교하고, 분수와 복은 나보다 못한 사람과 비교하라^{志行上方 分福下比}"고 했다.

일본의 철학자 미키 기요시^{三木淸}는 이렇게 말한 바 있다.

"우리를 사랑하는 사람들에게 우리가 행복하다는 것보다 더 좋은 일이 있을까?"

초심을
반복해야 하는 이유

삶은 우리 인생에 어떤 일이 생기느냐에 따라서 결정되는 것이 아니라,
그것은 우리가 어떻게 하느냐에 따라서 결정된다.

__존 호머 밀스

일하는 데 있어서 처음에 가진 마음, 즉 '초심'이 중요하다는 사실을 모르는 사람은 거의 없을 것이다. 그것을 품었을 때만큼 우리 마음이 뜨겁게 불타오르고, 뭔가를 해내고자 하는 마음이 충만한 적은 없기 때문이다.

초심은 뭔가를 시작하면서 가진 바른 마음이다. 그만큼 순수하고 뜨겁다. 그 때문에 마음만 먹으면 무슨 일이건 충분히 해낼 수 있다. 하지만 살면서 초심을 지키기란 여간 힘들지 않다. 이 일 저 일에 치여가며 바쁘게 살다 보면 어느 순간 그것을 잃고 살기 일쑤이기 때문이다.

어느 순간 삶에 관한 의문이 고개를 버젓이 들 때가 있다. 내 경험상 본인이 원했던 삶, 원했던 일과 다른 삶을 살거나 다른 일을 할 때 그런 경우가 많다. 내 경우에는 20대 초반에 한 번, 그리고 직장 생활을 10년쯤 했을 때인 30대 후반에 한 번 그런 경험을 했다.

20대 초반의 고민이 '과연, 내가 가려고 하는 이 길이 맞는 걸까?'라는 의문으로 대표되는 미래에 대한 막연한 불안감이었다면, 30대 후반에 가졌던 의문은 '이게 정말 내가 하고 싶었던 일이 맞는 걸까?' '제대로 사는 걸까?'로 대표되는 삶에 대한 진지한 성찰이었다고 할 수 있다.

돌이켜 보면, 그때 나는 삶에 지쳐 있었다. 원하지 않는 삶을 살고 있었기 때문이다. 그러다 보니 타성에 빠져 일과 삶 모두 기계적으로 대할 뿐, 뭔가를 하고자 하는 마음이 전혀 없었다. 변화가 절실했지만, 밥벌이의 무거운 책임감이 그것을 망설이게 했다. 다른 일에는 눈길 한 번 주지 않고 부지런히 집과 회사만을 오갔다. 그런 나를 사람들은 모범적이라고 추켜세우기도 했다. 그렇게 몇 년을 더 버텼다.

두 번째 의문이 들었을 때 나는 과감하게 회사를 그만두었다. '이건 아니다'라는 생각이 끊임없이 들었기 때문이다. 뭘 해도 가슴이 두근거리지 않았고 행복하지 않았다. 누구보다 열심히 살기는 했지만, 하루 일을 마감하고 퇴근하는 길이면 '내가 지금 뭐 하고 있는 걸까?'라는 의문이 고개를 버젓이 내밀곤 했다. 그럴 때의 헛헛함이란 이루 다 말할 수 없을 정도였다.

그런 내게 사람들은 "다들 그렇게 산다"라며 위로하곤 했다. 세상에 자기 하고 싶은 일 다 하면서 사는 사람은 얼마 안 되니, 너도 그만 포기하고 지금 생활이나 충실히 하라는 것이었다. 책임감의 무게에 고개를 끄덕일 수밖에 없었지만, 그들은 아직도 모를 것이다. 당시 내게 그 말이 전혀 위로되지 못했다는 것을. 그들이 뭐라고 하건 나는 그 얼마 안에 드는 사람이 되고 싶었다.

많은 사람이 나와 같은 고민을 한 번쯤은 했을 것이고, 지금도 고민하는 사람이 적지 않을 것이다. 그들에게 똑같은 일을 먼저 경험해본 사람으로서 한마디 조언하고 싶다.

삶의 무게는 절대 변하지 않는다. 만일 지금 하는 고민이나 의문을 말끔히 해결하지 못한다면 언젠가는 그것이 다시 고개를 들기 때문이다. 즉, 오늘 해결하지 못한 고민은 언젠가는 반드시 다시 하게 되어 있다. 그러니 번거롭고 귀찮다고 해서 삶이 던지는 질문을 애써 피하지 말고 정면으로 마주해야 한다.

한때 나는 '내 삶은 실패'라고 생각했다. '뭔가를 다시 시작하기에는 너무 늦었다'라는 패배 의식에 젖어 있었기 때문이다. 나 스스로 나를 학대한 셈이다. 하지만 지금은 그것이 얼마나 큰 착각이었고 잘못된 생각이었는지 안다.

나뿐만 아니라 많은 사람이 자신이 원했던 삶을 포기하며 살고 있다. 먹고 사는 문제에 집중한 나머지 항상 오늘 같은 내일을 살며, '진짜 나'를 잊은 채 사는 것이다. 그렇다면 더 늦기 전에 자신의 삶을 되돌아볼 필요가 있다. 그래야만 10년 후, 20년 후 내가 원하던 나, 내가 바라던 나의 삶과 만날 수 있기 때문이다.

'슬로 스타터Slow-starter'라는 말이 있다. 공부나 스포츠 경기 등에서 초반에는 부진하지만, 중반 이후 최상의 실력을 발휘하는 사람과 선수를 일컫는 말이다. 요즘은 뒤늦게 기세를 올리는 사람들을 두루 가리키는 의미로 사용하기도 한다. 슬로 스타터는 시작은 느리지만, 뒤로 갈수록 강력한 뒷심을 발휘한다. 그 힘의 원천은 초심의 간절함과 절실함에 있다. 즉, 초심을 잊지 않고 끝까지 최선을 다하는 것이다.

6살에 아버지를 여의고, 12살에 어머니가 재혼해서 집을 떠나 어렸을 때부터 농장 일을 시작으로 수많은 직장을 전전해야 했던 한 남자가 있었다. 한때 사업 성공으로 인해 남부럽지 않게 살기도 했지만, 곧 모든 것을 잃고 말았다. 그때 그의 나이 60살이 넘었다. 그 후 그는 낡은 중고 자동차 한 대에 의지해서 전국의 식당을 무작정 찾아다녔다. 자신만의 치킨 조리법을 팔기 위해서였다. 하지만 누구도 그의 제안을 선뜻 받아주지 않았다. 그렇게 거절당한 횟수만 무려 1,009번이었다. 그쯤 되면 포기할 법도 하지만, 그는 포기를 모른다는 듯 끝까지 최선을 다했다. 그리고 마침내 1,010번의 도전 끝에 첫 번째 계약을 맺었다. 그때 그의 나이 68살이었다.

〈KFC〉 창업자 커널 할랜드 샌더스Colonel Harland Sanders의 이야기다. 그는 살면서 수많은 우여곡절을 겪었지만, 초심을 절대 잊지 않았다. 그만큼 간절하고 절실했기 때문이다. 그는 자신의 삶을 증거 삼아 슬럼프에 빠져 허우적거리는 이들에게 이렇게 얘기한다.

"실패와 좌절의 경험도 살면서 겪는 공부 중 하나입니다. 현실이 슬픈 그림으로 다가올 때면, 그 현실을 보지 말고 멋진 미래를 꿈꾸세요. 그리고 그 꿈이 이루어질 때까지, 앞만 보면서 달려가야 합니다. 인생 최대의 어려움 뒤에는 언제나 인생 최대의 성공이 숨어 있으니까요."

지금, 다시 시작해도 절대 늦지 않다. 뭔가를 절실하게 깨닫고, 다시 시작하는 그때가 가장 빠를 때다. 그러니 지금 상황이 매우 어렵다고 해서, 지독한 슬럼프에 빠져 있다고 해서 절대 포기하거나 좌절해서는 안 된다. 성공의 새로운 싹은 역경 속 그것도 가장 밑바닥에서 움트기 때문이다.

▶▶▶ 자신이 원하는 삶을 살려면 세 가지 마음을 가져야 한다. 초심, 열심, 뒷심이 바로 그것이다. 그중 가장 중요한 것이 바로 초심이다. 초심이 없으면 열심을 가질 수 없고, 초심을 잃지 않아야만 뒷심도 나오기 때문이다.

삶이 힘들고 슬럼프에 빠졌을 때일수록 초심이 중요하다. 초심만큼 슬럼프를 예방하고 치유하는 최고의 처방은 없기 때문이다. 그것이 우리가 살면서 초심을 반복해서 되뇌야 하는 이유이다.

생각은 유연하게,
신념은 굳건하게

너무 막막하다고, 그래서 포기해야겠다고 하지 마라.
나는 목에 칼을 쓰고도 탈출했고, 뺨에 화살을 맞고도 죽었다가 살아났다.
적은 밖에 있는 것이 아니라 내 안에 있는 것이다.
나는 거추장스러운 것은 모두 잊어버렸다. 나를 극복하는 그 순간 칭기즈칸이 되었다.

＿칭기즈칸

　　사람은 생각이 유연해야 한다. 특히 나이 들수록 자신이 처한 형편이
나 상황에 따라서 일을 이리저리 막힘없이 잘 처리해야 한다. 그래야만
빠르게 변하는 시대에 뒤처지지 않고 대응할 수 있다. 단, 사회를 유지하
는 데 필요한 기본적인 규칙이나 법칙, 즉 '원칙'에서 어긋나서는 안 된
다. 그렇게 되면 그것은 유연함이 아닌 기회주의가 되기 때문이다.

　　자기 생각만 무조건 옳다고 가르치려고 하며, 다른 사람 얘기, 특히 자
기보다 어린 사람 얘기는 들으려고조차 하지 않는 사람이 의외로 많다.
'아직 어린 네가 뭘 아느냐?'라는 것이다. 그들을 가리켜 흔히 '꼰대'라고
한다. 자기 사상이나 생각을 굳게 믿고 그것을 강조하는 것, 즉 신념이
잘못되었다는 것은 아니다. 하지만 다른 사람은 모두 '아니다'라고 하는
일을 혼자서만 '맞다'라고 우기는 것은 신념이 아닌 고지식함일 뿐이다.
그래서는 빠르게 변하는 세상에 적응할 수 없다.

자기 생각만 무조건 옳다고 강조하는 사람과 얘기하는 것만큼 답답한 일도 없다. 어떤 얘기를 해도 막무가내며, 앞뒤가 맞지 않는 말만 하기 일쑤이기 때문이다. 행여 그것을 지적하기라도 하면 '경우 없다'라며 무조건 화부터 낸다. 그러면서 시대를 탓한다. 자신이 젊은 시절에는 상상도 할 수 없는 일이었다고 말이다. 그런 사람과 대화하기란 어렵다. 그러다 보니 '꼰대'는 외롭다. 누구도 자기 얘기에 귀 기울이지 않기 때문이다.

원칙과 신념은 자전거의 두 바퀴와도 같다. 그것이 조화를 이룰 때 자전거는 올바른 방향을 향해 나아갈 수 있다. 그 때문에 원칙과 신념은 어떤 일이 있어도 흔들려서는 안 된다.

'매일생한 불매향梅一生寒 不賣香'이라는 말이 있다. '매화는 일생을 추위 속에 살아도 그 향기를 팔지 않는다'라는 뜻으로 '선비의 지조'를 의미한다. 그 때문에 퇴계 이황을 비롯해 수많은 선비가 그 말을 즐겨 사용하며 삶의 신조로 삼았다. 무슨 일이 있어도 원칙과 신념을 지켜 끝까지 굽히지 않는 꿋꿋한 의지나 기개야말로 선비가 지녀야 할 미덕이라고 생각했기 때문이다.

몇 년 전까지만 해도 나는 일본 드라마를 즐겨 보곤 했다. 재미있어서라기보다는 한국 드라마에서는 자주 볼 수 없는 선과 정의를 추구하고, 신념과 원칙을 지키기 위해 최선을 다하는 드라마의 플롯에 공감했기 때문이다.

〈우리 남편은 일을 못 해ウチの夫は仕事ができない〉라는 일본 드라마가 있다. 회사에서 능력을 인정받지 못하지만, 누구보다도 착하고, 신념과 원칙을 지키려는 남편에 관한 이야기다.

　제목에서 알 수 있다시피, 남편은 일을 정말 못한다. 어떤 일을 맡겨도 말끔하게 처리하지 못하고, 회사에 손해만 끼친다. 회사 관점에서 보면 당장 해고해도 아무런 문제가 되지 않을 정도다. 하지만 그가 그렇게 하는 데는 나름의 이유가 있다. 누구보다도 마음이 여리고 착할뿐더러 신념과 원칙을 지키려고 하기 때문이다. 다행히 그에게서 자신의 과거 모습을 본 상사에 의해 다른 부서로 발령받고 그와 함께 일하지만, 거기서도 실수는 멈추지 않는다. 그런 남편을 아내는 단 한 번도 못마땅하게 생각한 적이 없다. 오히려 자랑스러워하고 응원한다. 결국, 남편의 진심은 모두에게 인정받고, 일에서도 크게 성공한다.

　인간미 넘치고, 순수함이 가득한 드라마를 보면서 마음이 무시로 따뜻해지곤 했다. 무엇보다도 자신의 원칙과 신념을 지키기 위해서 최선을 다하는 주인공의 모습이 매우 감동적이었다. 그런 사람이 흔하지 않은 까닭이다. 그의 성공에 대리만족하는 것 역시 바로 그 때문이다.

　2013년에 방영된 〈한자와 나오키(半澤直樹)〉는 일본 TV 드라마 시청률 신기록을 세운 바 있다. 드라마는 일본의 버블경제가 무너지기 전, 1990년대 초 은행에 입사한 한자와 나오키가 직장 상사의 부조리에 맞서 그들의 비리를 과감히 드러내고 단죄하는 내용을 담고 있다. 그 때문에 일본 내에서 평범한 직장인들에게 시원한 카타르시스를 선사하였다는 평가를 받았을 뿐만 아니라 극 중 대사인 "당하면 두 배로 갚아준다"라는 말이 한동안 크게 유행하기도 했다.

　누구나 이해관계 앞에 서면 마음이 흔들리기 쉽다. 그 때문에 선과 정의를 추구하는 마음, 신념과 원칙을 지키는 삶이 말처럼 쉽지만은 않다. 그런데도 우리가 그것을 지켜야만 하는 이유는 그래야만 우리 사회가 공평하고 올바로 서리라는 믿음 때문이다. 비록 답답해 보이지만, 자신의 신념과 원칙을 묵묵히 지키는 사람이 존경스러운 이유 역시 마찬가지다. 수많은 유혹을 참고, 조금 힘들지언정 올바른 길을 가는 모습이 공감을 사기 때문이다.

그런 점에서 사회를 유지하는 데 필요한 기본적인 규칙이나 법칙은 가능한 한 융통성을 제한하는 것이 좋다고 생각한다. 최소한의 융통성을 갖추되, 위반하면 예외 없이 그에 상응하는 처벌을 해야 한다. 소크라테스가 "악법도 법이다"라면서 법망을 빠져나가는 대신 죽음을 택한 데는 그만한 이유가 있다. 융통성을 발휘해서 예외로 취급하게 되면 공평함이 무너지기 쉽기 때문이다. 그렇게 되면 너나 할 것 없이 똑같이 대우해주기를 바랄 것이다. 특히 사회적으로 지위가 높고, 돈이 많은 사람은 더 많은 융통성과 특별한 대우를 바랄 가능성이 크다.

한적한 시골길에 차 한 대가 빠른 속도로 달려온다. 잠시 후 신호가 바뀌자, 순간 차가 멈칫하더니 곧 신호를 무시하고 좌회전한다. 그 모습을 지켜보던 경찰은 급히 차를 세우고 운전자에게 면허증을 내놓으라고 한다. 운전자는 급해서 그랬다면서 한 번만 봐 달라고 사정하지만, 경찰은 단호하기 그지없다. 그러자 운전자는 자신이 새로 부임하는 경찰서장임을 밝힌다. 그런데도 경찰은 우렁차게 경례한 후 신호 위반 딱지를 뗀다.

영화 〈바르게 살자〉의 첫 장면이다. 보는 사람에 따라서 경찰의 태도가 무척 고지식해 보일 수도 있다. 하지만 영화를 봤던 많은 이들이 그

장면에서 카타르시스를 느꼈다. 신분을 구별하지 않고 신념과 원칙을 지키려는 경찰의 태도가 마음을 후련하게 했기 때문이다.

▶▶▶ 사회를 유지하는 데 필요한 기본적인 규칙과 자기 사상, 생각을 굳게 믿으며 그것을 적극적으로 실현하려는 의지는 꼭 필요하다. 그러자면 생각은 유연하고, 신념은 굳건하게 해야 한다. 그래야만 '꼰대' 소리 듣지 않고 어른 대접받을 수 있으며, 공평하고 살 맛 나는 사회를 만들 수 있다.

약점일수록
더 드러내야 한다

모든 사람이 세상을 바꾸겠다고 생각하지만,
그 누구도 자기 자신을 바꿀 생각은 하지 않는다.

__ 레오 톨스토이

보석상을 하는 사람이 여행 중 진귀한 보석을 발견했다. 상당한 돈을
주고 그것을 산 그는 큰돈을 벌 수 있다는 흥분에 서둘러 귀국한 후 그것
을 감정사에게 보여주었다. 하지만 그의 그런 기대와는 달리, 감정사는
전혀 예기치 못한 말을 했다.

"흠만 없다면 정말 엄청난 보석인데…."

그러면서 구매가보다도 훨씬 밑지는 값을 제시했다.

그는 어떻게 하면 보석을 제값 받고 팔 수 있을지 고민했고, 한 가지
번득이는 아이디어를 떠올렸다. 그는 즉시 전문 세공사를 초빙해서 보
석의 흠 부분에 장미꽃을 조각하게 했다. 잠시 후 흠이 있던 자리에 흠은
온데간데없이 아름다운 장미꽃이 피어났다. 결국, 그의 예상처럼 보석의
가치는 몇 배 이상 올랐다.

보석의 작은 흠은 우리의 약점과도 같다. 약점은 숨기고 감추려고 하

면 더욱 눈에 띄어 보일 뿐이다. 예컨대, 치열이 고르지 못해서 항상 입을 가리고 웃는 사람은 다른 사람의 시선을 손 뒤에 감춰진 입에 오히려 집중하게 한다.

세상에 완벽한 사람은 없다. 누구나 강점과 약점을 두루 갖추고 있다. 문제는 그것을 바라보는 관점이다.

"나는 새 역사를 만들 것이다. 직접 와서 봐라."

남자 100m 육상 경기 세계 신기록 보유자인 우사인 볼트Usain Bolt가 리우 올림픽 결승을 앞두고 자신의 SNS에 올린 글이다. 경쟁자들에 대한 예의라고는 찾아볼 수 없을 만큼 매우 당돌하고 거침없는 표현이다. 당연히 많은 얘기가 쏟아져 나왔지만, 며칠 후 그가 9초 81이라는 놀라운 기록으로 결승선을 통과하자 곧 수그러지고 말았다. 그가 올림픽 역사상 최초로 100m 육상 경기에서 3연패를 달성했기 때문이다.

경기 후 흥분이 채 가시지 않은 표정으로 "따라올 테면 따라와 봐"라고 말하는 그의 거침없는 말에 사람들은 힘찬 박수를 보냈다. 세계적인 육상 영웅에 대한 오마주이기도 했다.

놀라운 사실은 그가 단거리 선수로 뛰기에는 매우 불리한 신체조건을 갖고 있었다는 사실이다. 우선, 그는 단거리 선수에게는 치명적인 큰 체격을 갖고 있었다. 체격이 크면 보폭이 늘어나는 장점이 있지만, 순발력이 떨어질 뿐만 아니라 공기저항을 많이 받는다는 단점도 있었다. 육상 단거리 선수 중 키가 190cm가 넘는 선수가 드문 것은 바로 그 때문이다. 또한, 그는 어린 시절부터 척추 옆굽음증(척추측만증)을 앓아 척추가 변형된 상태였다. 따라서 뛰는 것 자체가 모험에 가까웠다. 하지만 그는 자신만의 방법으로 그런 약점을 모두 극복했다.

우선, 척추 옆굽음증으로 어깨와 골반이 평행을 이루지 못해 뛰는 데 방해되자 웨이트 트레이닝에 집중해서 근육의 밀도를 높였다. 그렇게 해서 어깨를 흔들고 보폭을 크게 해 41걸음 만에 100m를 주파했다. 사실 그 방법 역시 단거리 선수에게는 치명적이었지만, 400m 경기를 뛰면서 얻은 습관 덕분에 레이스 중반 이후 오히려 가속도가 붙었다. 큰 보폭에 가속도까지 붙으니 그야말로 적수가 없었고, 그때부터 그의 성공 신화가 시작되었다.

중요한 것은 그가 자신의 약점을 부끄러워하거나 숨기려고 하지 않았다는 것이다. 오히려 그것을 드러내고 고치기 위해 끊임없이 노력했다.

누구에게나 강점과 약점은 공존한다. 제아무리 뛰어난 사람도 치명적인 약점이 있으며, 제아무리 못난 사람도 강점 하나쯤은 꼭 갖고 있다. 문제를 그것을 대하는 마음가짐이다.

20세기 최고 지휘자로 꼽히는 '아르투로 토스카니니Arturo Toscanini' 역시 치명적인 약점이 있었다.

1908년 11월 16일, 뉴욕 메트로폴리탄 오페라하우스에서 베르디의 '아이다' 공연이 열렸다. 지휘자는 '걸어 다니는 악보 도서관'으로 불렸던 전설적인 지휘자 토스카니니였다. 그는 아무리 긴 악보라도 세 번만 연주하면 완전히 외울 만큼 비상한 기억력을 갖고 있었다. 한마디로 타고난 음악 천재였던 셈이다. 하지만 그의 암기력이 뛰어난 데는 그럴 만한 사정이 있었다.

그는 악보를 보면서 지휘하는 것 자체가 불가능할 만큼 지독한 근시가 있었다. 그 때문에 오케스트라단원 시절부터 살아남기 위해서 밤을

새워가며 악보를 외워야만 했다.

사실 그는 본래 첼로 연주자였다. 그가 지휘자로 무대에 서게 된 데는 특별한 사연이 있다.

어느 날 큰 연주회에서 지휘자가 무대에 서지 못하는 불상사가 그만 일어났다. 지휘자를 대신할 사람, 즉 악보를 전부 외우고 있는 사람을 빨리 찾아야만 했다. 지휘자는 악보를 전부 외우고 있어야만 오케스트라 전체를 통솔할 수 있었기 때문이다. 악보를 다 외우고 있는 사람은 토스카니니가 유일했다. 결국, 그날 지휘는 토스카니니가 대신했고, 관중들은 그의 뛰어난 솜씨에 큰 박수를 보냈다. 그때부터 그는 오케스트라 지휘자로 활약했고, 결국 세계적인 명지휘자가 되었다.

이렇듯 동전의 양면처럼 누구나 강점과 약점을 함께 갖고 있다. 약점을 갖고 있지 않은 사람은 인생이란 경기에서 제외된 사람뿐이다. 강점과 약점은 우리 두 발과도 같다. 한쪽이 일방적으로 앞서나갈 수 없다. 한 걸음씩 앞서거나 뒤서거나 하며 우리가 나아가고자 하는 방향으로 나아갈 수 있게 한다.

미국 경제잡지 《포브스Forbes》 발행인 말콤 포브스Malcolm Forbes는 이렇게 말했다.

"약점은 강점이다. 만일 약점으로부터 뭔가를 배울 수만 있다면."

강점이 약점이 될 수도 있고, 약점이 강점이 될 수도 있다는 것이다. 약점은 강점 안에, 강점은 약점 안에 존재하기 때문이다.

"괜한 걱정을 사서 한다"라는 얘기를 자주 들을 만큼 나는 매우 소심한 편이다. 그 때문에 학창 시절이나 직장 생활을 할 때 손해를 본 적도 꽤 많다. 좋은 아이디어가 있어도 그때그때 말하지 못하고 마음에만 쌓아두기 때문이다. 회사에 대한 불만과 인간관계에 대한 불만 역시 마찬가지다. 회사가 무섭고, 다른 사람이 상처받을까 봐 손해를 봐도 가슴에 담아두기만 했다. 그러다 보니 엉뚱한 사람, 특히 가족에게 화내는 일이 잦았다. 스스로 못난 사람임을 증명한 것이다. 변화가 절실했다. 그대로 있다가는 이내 더 큰 일이 일어날 것만 같았다. 그래서 회사를 과감히 그만두었다. 그렇다고 아무런 대책이 없었던 것은 아니다. 평소 하고 싶었던 일이 있었고, 몇 년 전부터 착실히 그 일을 준비해왔던 터였다.

그때부터 소심함은 '꼼꼼함'으로 바뀌었다. 회사 다닐 때와 똑같이 생각하고, 똑같이 일하는 데도 사람들은 소심하다고 하지 않고 꼼꼼하다고 했다. 물론 작은 회사지만, 사장을 예우하는 마음에 한 말일 수도 있다. 그런데도 그 말을 들으니 힘이 났다. 또한, 그동안 아이디어로만 쌓아두었던 것을 즉시 테스트할 수도 있고, 인간관계에서도 상처받지 않으니 가족과의 사이도 더욱 좋아졌다.

아무리 완벽해 보이는 사람도 약점 하나쯤은 반드시 있기 마련이다. 뛰어난 능력에 가려서 그것을 보지 못할 뿐이다. 중요한 것은 그들은 약점을 극복하고 그 자리에 섰다는 것이다.

우사인 볼트의 예에서 봤다시피, 약점을 극복하고자 하는 열망은 우리를 한층 업그레이드한다. 우리 자신도 몰랐던 능력을 발견하게 할 뿐만 아니라 놀라운 에너지를 뿜어낼 수도 있기 때문이다. 그런 점에서 약점은 우리를 움직이는 힘이라고 할 수 있다.

약점을 부끄러워하거나 숨겨서는 안 된다. 그래서는 언제까지나 그것이 약점으로 남을 뿐이다. 모든 약점 가운데 가장 큰 약점은 그것이 드러나는 것을 두려워하는 마음이다.

치명적인 약점일수록 오히려 드러내고 보완하기 위해서 적극적으로 노력해야 한다. 경쟁자들은 나를 이기기 위해서 그 부분을 끊임없이 공격해올 것이기 때문이다.

▶▶▶ 지금의 자기 자신에 절대 만족해서는 안 된다. 강점은 더욱 키우고, 약점은 보완하며 끊임없이 자기 자신을 업그레이드해야 한다. 다른 사람들의 강점을 배우는 적극적인 태도 역시 필요하다. 그렇지 않으면 도태될 것이기 틀림없기 때문이다. 문제는 그것이 자신의 퇴보 때문이냐, 아니면 다른 누군가의 발전에 밀려서 그렇게 된 것이냐일 뿐이다.

불공정한 일에는
분노할 줄도 알아야 한다

피해를 본 사람들보다 피해를 보지 않은 사람들이 더 분노한다면
그 사회는 정의를 지킬 수 있다.

_작자 미상

일 때문에 알게 된 분의 이야기다.

대기업에서 오랫동안 인사 분야 책임자로 있다가 은퇴하신 그분은 성격이 매우 급하고 경우에 어긋나는 일을 보면 참지 못한다. 그래서 손해도 참 많이 봤단다.

오래전 300세대가 채 안 되는 아파트에 살던 때의 일이라고 했다. 어느 날 출근길에 보니 한 아주머니가 아파트 관리사무소 문을 활짝 열어둔 채 열심히 청소하는 모습이 보였다. 얼마나 열심인지 사람이 옆에 지나가도 모를 정도였다. 그때만 해도 '참 열심히 사시는 분'이라는 생각에 자신 역시 오늘도 최선을 다하리라고 다짐하면서 출근했다고 한다. 문제가 터진 것은 며칠 후 퇴근 때였다.

아파트 현관문 바로 옆에 있는 유리창이 먼지와 이물질로 새까만 게 눈에 들어왔다. 창틀 역시 작은 쓰레기로 가득했다. 그것을 보자 며칠 전

출근길에 봤던 모습이 떠오르면서 화가 났다. 그 즉시, 아파트 1층에서부터 20층까지 모든 유리창을 조사해서 휴대전화 카메라로 일일이 촬영했다. 그리고 다음 날 출근길에 관리사무소를 찾았다. 그날도 역시나 그때 본 아주머니가 관리사무소를 깨끗이 윤내고 있었다. 바닥 청소를 끝낸 아주머니는 소장과 직원들의 책상까지 걸레로 닦았다. 그걸 보자 더욱더 화가 났다. 다짜고짜 소장을 찾은 후 어제 찍은 사진을 보여주며 이렇게 말했다.

"아니, 청소하시는 분이 왜 아파트 내부시설보다 관리사무소 청소를 더 열심히 하죠? 책상 정도는 직접 닦아도 되잖아요?"

그러자 관리소장이 이렇게 말했다.

"뭐가 잘못되었습니까? 관리사무소도 주민을 위한 시설이잖아요."

생각건대, 그분은 관리소장으로부터 "아, 그렇군요. 잘못되네요. 제 불찰입니다. 앞으로 주민들에게 피해가 가지 않도록 하겠습니다"라는 말을 기대했을 것이다. 하지만 관리소장은 오히려 핏대를 세우며 말끝을 높였다.

그때부터 그분의 인생 강연이 시작되었다. 관리사무소장의 역할부터 관리사무소 규약까지 하나하나 꺼내며 얘기했다. 심지어는 인신공격도 서슴지 않았다. "열정이 없으면 당장 그만두는 게 좋다", "능력 없는 사람이 자리만 지키면 다른 사람들에게 피해를 준다", "왜 당신들 편하려고 당신들 월급과 관리사무소 유지 비용을 대는 입주민이 피해를 겪어야 하냐" 등등.

그러면서 일주일 동안 아파트가 어떻게 변하는지 지켜보겠다고 했다. 그래도 변하지 않으면 주민들과 논의해서 관리소장을 바꿔 달라고 요청

하겠다고 했다.

일주일 후 아파트와 관리소장은 어떻게 변했을까. 아파트 유리창과 창문은 각 세대가 청소해서 깨끗해졌고, 관리소장은 스스로 그만두었다. 자존심에 상처 입었다는 것이 그 이유였다. 그러면서 그분이 힘없는 관리소장을 상대로 갑질을 했다면서 매우 분해했다.

관리소장 말만 들으면 많은 사람이 그분을 욕할 것이 틀림없다. 틀림없는 갑질로 보이기 때문이다. 하지만 과연, 그분은 정말 갑질을 한 것일까. 생면부지의 사람들에게 손가락질받을 만큼 나쁜 일을 한 것일까.

나는 그렇게 생각하지 않는다. 물론 인신공격은 정도가 좀 지나친 면은 있지만, 관리소장은 분명 직무를 유기했다. 즉, 자신이 맡은 일과 책임을 다하지 않았다. 무엇보다도 그는 무기력하고 무책임했다. 그러면서도 입주민들에게 전혀 미안해하지 않았다. 오히려 큰소리치며, 자신이 피해자라고 우겼다.

무기력하다는 것은 하는 일을 좋아하지 않거나 그 일에 지쳤다는 것이다. 그 때문에 자신의 발전을 위해서라도 재충전의 시간을 가지며 다른 일을 찾는 것이 좋다. 굳이 좋아하지 않은 일을 하면서 시간 낭비할 필요 없기 때문이다. 그렇지 않고 계속해서 그 일에 매달리면 애꿎은 사람들만 피해 보게 된다. 무책임한 일 역시 마찬가지다. 책임감 없는 사람에게는 어떤 일도 맡겨서는 안 된다. 대충대충 한 후 했다고 할 것이 틀림없기 때문이다.

그분은 관리소장의 능력이 아닌 그 점을 지적한 것이다. 그러니 어떻게 보면 무기력하고 무책임한 관리소장에게 새로운 동기부여를 했다고도 할 수 있다. 그것을 관리소장이 제대로 이해하지 못하고 받아들이지 못했을 뿐이다.

우리 사회에 정의 열풍을 일으킨 마이클 샌델Michael Sandel 하버드대 교수
는《정의란 무엇인가Justice : what's the right thing to do》에서 이렇게 말한 바 있다.

"정의로운 사회는 가장 낮고, 불리한 위치에 있는 사람들도 최소한의
의식주 문제를 해결하고 다양한 위험으로부터 보호받을 수 있는 사회
이다."

샌델 교수는 책에서 정의를 둘러싼 딜레마적 요소로 '행복'과 '자유',
'미덕'을 제시한다. 그러면서 이렇게 묻는다.

"전체의 행복을 극대화하는 것이 정의냐? 개인들의 자유를 최대한 보
장하는 것이 정의냐? 아니면, 공동체의 미덕을 장려하고 좋은 삶을 추구
하는 것이 정의냐?"

행복을 극대화하다 보면 개인의 자유가 침해될 수 있고, 개인의 자유
를 존중하다 보면 공동체의 미덕이 훼손될 수 있다. 과연, 이 문제는 어
떻게 해야 할까.

샌델 교수는 이때 중요한 것이 벤담Jeremy Bentham의 공리주의Utilitarianism라고
했다. 공리주의란 19세기 중반 영국에서 나타난 사회 사상으로 가치 판
단의 기준을 효용과 행복 증진에 두어 '최대 다수의 최대 행복' 실현을
윤리적 행위의 목적으로 보았다. 즉, 샌델 교수는 전체의 행복이 최대치
가 되는 것을 정의로 간주하는 셈이다. 아울러 그는 그리스 철학자 아리
스토텔레스Aristoteles의 정의관에 주목했다.

아리스토텔레스에게 정의는 모든 사람이 좋은 삶을 살게 하는 것이었
다. 아리스토텔레스는 그것을 정치의 역할이라고 보았다.

"정치의 목적은 사람들이 고유의 능력과 미덕을 계발하게 만드는 것, 곧 공동선을 고민하고, 판단력을 기르며, 시민 자치에 참여하고, 공동체 전체의 운명을 걱정하게 하는 것이다."

몇 년 전 우리 사회의 많은 부조리와 모순, 불의가 적나라하게 노출된 적이 있다. 매일 같이 새롭게 드러나는 진실 속에 더는 상식과 정의가 존재하지 않는 듯했다. 있는 자가 없는 자의 권리를 억압하고, 권력이 국민을 감시하며, 불의와 부조리가 정의와 공정을 굴복시켰기 때문이다. 이를 본 대다수 국민은 분노를 넘어 절망했다. 그리고 다시 정의와 공정을 부르짖으며 광장에 모여 촛불을 들었다.

한 시대가 불의하고 부패할수록 정의와 공정에 대한 국민의 바람 역시 커진다. 또한, 그런 시대를 사는 사람, 특히 평범하고 가진 것이 없는 사람일수록 그것을 더욱더 기대할 수밖에 없다.

▶▶▶ 불공정하고 불의한 일을 보면 분노할 줄도 알아야 한다. 그래야만 사회가 발전하고, 자신 역시 성장할 수 있다. 그렇지 않고 그것에 무관심하고 참기만 하면 사회는 퇴보할 뿐만 아니라 많은 사람이 손해 보는 삶을 살게 된다. 평범하고 가진 것이 없는 사람이 자기 능력을 제대로 발휘할 수 있고, 누구나 그것을 믿고 꿈을 갖고 열심히 노력하는 사회가 되어야 한다. 그것이 바로 정의와 공정의 출발점이다.

힘들어도 힘들다고
말하지 못하는 이유

삶의 아픔은 치유의 대상이지 극복의 대상이 아닙니다.
부정하면 할수록 잊으려면 잊을수록 더 생각나고 더 올라옵니다.
부정하거나 저항하지 말고 있는 그대로를 허락하세요.
나를 더 힘들게 하는 것은 아픈 마음에 대한 저항입니다.

_ 혜민 스님

우리 아버지 어머니 세대 대부분이 그렇듯이, 내 아버지와 어머니 역시 참는 것에 매우 익숙하다. 힘들어도 힘들다고 절대 말하지 않고, 자식에게 손 내밀지 않는다. 자존심 때문이 아니다. '내가 조금 더 힘들고 말지 자식까지 힘들게 할 수 없다'라는 마음을 그렇게 에둘러 표현하는 것이다. 때로는 그것이 서운하기도 하다. 특히 다른 사람을 통해 편찮으시다는 소식을 들으면 화가 마구 난다. 그마저 감추려면 왜 자식을 낳았나싶은 생각이 들기 때문이다. 물론 자식이 걱정할까 봐 그것을 감추는 마음을 이해 못 하는 것은 아니다. 하지만 옆에서 그것을 지켜보는 사람들도 똑같이 생각할까. "자식 키워봐야 다 소용없다"라며 손가락질하는 사람도 분명 있을 것이다. 사실 욕쯤이야 얼마든지 들어도 상관없다. 하지만 자식 노릇도 제대로 못 한다는 데서 오는 자괴감은 어떻게 해야 할까. 그때마다 '금이야, 옥이야' 하며 애지중지 키운 부모 생각에 눈시울이 뜨거워지면서 애간장이 녹는 것 같다.

작년 겨울 아버지가 크게 앓아누우신 적 있다. 한밤중에 연락을 받고 동생과 함께 찾은 응급실에서 본 아버지는 더는 어린 시절의 아버지가 아니었다. 그전에도 이미 그 사실을 알고는 있었지만, 병원이라는 특성 상 그것을 한층 더 느낄 수 있었다. 아버지의 앙상하게 드러난 몸 마디마디의 뼈와 주름투성이 얼굴은 살아온 흔적을 숨김없이 보여주었다. 그걸 보고 있자니, 수많은 생각이 머릿속을 오갔다. 이제 아버지가 살아온 날 보다 살아갈 날이 훨씬 짧다는 데서 느끼는 조바심과 그간 무관심했던 나에 대한 원망, 이럴 때를 위해서 조금 더 열심히 살았어야 했다는 뒤늦은 후회 등등….

우리나라에서도 큰 인기를 얻고 있는 일본의 유명 작가 히가시노 게이고東野圭吾의 소설 '가가 형사 시리즈'의 주인공 가가는 아버지와의 사이가 좋지 않다. 심지어 죽음을 앞둔 아버지의 병실을 단 한 번도 찾지 않을 정도다. 그 이유는 그가 초등학교 4학년 때 집을 나간 어머니 때문으로, 그때부터 30여 년 동안 부자는 남남처럼 살아왔다. 결국, 그의 아버지는 아들이 아닌 조카가 지켜보는 가운데 쓸쓸한 죽음을 맞는다. 그제야 가가는 아버지의 병실을 찾고, 사촌 동생에게 아버지를 찾지 않은 이유를 말한다.

그가 아버지와 남처럼 산 것은 아버지의 부탁때문이었다. 그의 아버지는 집 떠난 어머니가 느꼈을 지독한 외로움과 고통을 자신 역시 느낌으로써 뒤늦게나마 그것을 속죄하고 싶어했다. 그 때문에 일부러 아들에게 자신을 찾아오지 말라고 한 것이다. 비록 소설이지만, 그 이야기가 잊히지 않고 자주 떠오르는 이유는 그만큼 그 의미가 묵직하고 마음을 움직였기 때문이다.

사실 힘들다고 말하지 못하는 것은 비단 부모 세대만의 문제는 아니다. 젊은 사람들 역시 대부분 그것을 묵묵히 참는다. 그 원인은 지나친 경쟁으로 인해 상대를 불신하는 데 있다. 힘들다고 말하면 그것이 자신의 약점이 될 것으로 착각하는 것이다. 그러다 보니 자신을 속마음을 다른 사람에게 쉽게 털어놓지 않을뿐더러 위로받는 것을 두려워한다. 이를 '위로 포비아'라고 한다. '위로'와 공포증을 뜻하는 '포비아^{Phobia}'가 합쳐진 신조어다.

> "〈인크루트〉가 273명에게 설문한 결과 '본인의 상황, 속마음을 털어놓고 싶지만, 머뭇거린 적이 있다'라고 답한 응답자가 전체의 88.5%에 달했다. 주변에 상황을 털어놓고 공감을 받는다는 답변은 18%에 머물렀다. 또한, '힘이 들 때 혼자 삭인다'라는 응답자도 전체의 61.3%였다. 쉽게 속마음을 터놓지 못하는 이유는 비슷했다. '속마음을 털어놓으면 호구가 될까 봐', '그게 나중에 약점이 될 것으로 생각해서', '서로 사정을 공감해 줄 만한 시간적 감정적 여유가 없어서', '내 말이 강요되거나 오해의 소지를 남길까 봐' 등의 이유가 잇따랐다."
>
> ― 〈서울경제신문〉, 2017년 11월 27일 기사 중에서

문제는 '위로 포비아' 증상이 악화하면 행복지수가 급격히 떨어지는 것은 물론 깊은 우울증에 빠질 수도 있다는 점이다. 당연히 자존감 역시 크게 낮아진다.

나 역시 나이 들수록 이런저런 고민도 많고, 삶의 무게가 버거울 때가 많다. 하지만 그것을 누구에게도 솔직히 말하기가 힘들다. 무책임할뿐더러 나에 대한 기대를 무너뜨리는 일만 같기 때문이다. 자존심에 상처 가는 일이기도 하다. 그러다 보니 무조건 참고 또 참는다. 웬만한 세상 풍파쯤은 다 겪었기에 나이 들수록 마음이 더 단단할 것으로 생각했는데, 사실은 그렇지가 않다. 감정 기복이 더 심할뿐더러 공허하고 쓸쓸하며 불안하다.

나만 그런 것은 아니다. 중년 남성 대부분이 나만큼이나 무거운 '부담의 무게'를 어깨에 짊어지고 산다. 직장에서는 어린 후배들과 치열한 생존 경쟁을 벌이고, 집에 돌아오면 가장의 역할도 충실히 수행한다. 여기저기 쑤시고 아프지만, 힘들다고 티를 낼 수도, 아프다고 할 수도 없다. 약해 보이면 자신의 존재감이 흔들릴 수 있다는 불안감 때문이다. 어떻게 하면 이 위기에서 벗어날 수 있을까.

따뜻한 소통으로 많은 이들에게 위로와 용기를 전달하는 혜민 스님은 《완벽하지 않은 것들에 대한 사랑》에서 힘들면 힘들다고 말하고 울고 싶으면 참지 말고 목놓아 펑펑 울라고 조언한다.

"슬프면 좀 슬퍼해도 괜찮아요. 내가 어찌할 수 없는 아픔이 있다면 아프다고 이야기해도 괜찮아요. 힘든 나를 있는 그대로 받아들일 때 비로소 치유가 시작돼요. 저항하지 않고 '이래도 괜찮다, 괜찮다'라고 해주세요."

▶▶▶ 힘들다고 말하는데도 용기가 필요한 시대다. 혹시라도 나약해 보일까 봐, 책임감이 없어 보일까 봐 두렵기 때문이다. 그만큼 우리 대부분

은 자기감정에 솔직하지 못하다. 그래야만 한다고, 그것이 강해지는 것
이라고 스스로 자기암시를 하고, 다른 사람들과 끊임없이 비교한다. 그
러다 보니 아픔이나 상처가 극에 달해 있는 데도 그것을 말하지 못한 채
혼자서 속앓이만 하기 일쑤다.

혼자서 버티지 말고 힘들면 힘들다고 말하고, 울고 싶으면 울어야 한
다. 무조건 참는 것은 치유가 아닌 상실이다. 말하지 않으면 무엇도 해결
할 수 없기 때문이다.

화는
그때그때 풀어야 한다

인간은 분수와도 같다.

분자는 자신의 실제이며, 분모는 자신에 대한 평가이다. 분모가 클수록 분자는 작아진다.

__ 레프 톨스토이

    화를 억지로 참으면 병이 된다. 보통 숨 막힘, 가슴 뜀, 두통, 치밀어 오름 등의 신체적 증상과 우울, 불안, 의욕 상실, 충동, 후회 등의 정신적 증상으로 나타난다. 놀라운 것은 화병은 우리나라 사람만 겪는 질병이라는 것이다. 이에 미국 정신과협회는 1996년 화병을 한국인에게만 나타나는 특이한 정신질환으로 분류하고 '문화결함증후군Culture-bound Syndrome'으로 등록하기도 했다.

    화는 인간의 자연스러운 감정의 하나다. 그 때문에 화나면 화를 내는 것이 지극히 당연하다. 마음속에 담아둘수록 오히려 더욱더 부풀어지고 위험해진다. 화를 품고 사는 것은 마음속에 독을 품고 사는 것과도 같기 때문이다. 따라서 가능한 한 쌓아두지 말고 제때제때 풀어야 한다. 그렇지 않으면 언젠가는 폭발하고 만다. 문제는 그 폭발 대상이 대부분 힘없고 연약한 사람들이라는 것이다. 이에 대해 일본의 심리 전문가 후쿠다

다케시福田健는《흥분하지 않고 우아하게 화내는 기술怒る技術怒られる技術》에서 이렇게 말한 바 있다.

"화를 표현하지 않고 참기만 하면, 자신이 피해자라는 생각에 주위를 원망하게 된다. 원망은 이윽고 증오가 되어 타인을 향해 공격적인 감정을 낳을 위험이 있다."

35년 동안 심리치유를 해온 세계적인 심리치유학자 브렌다 쇼샤나Brenda Shoshanna 역시 비슷한 주장을 한다.

"분노는 우리의 행복감과 만족감을 허물어뜨리는 주범이자 인간관계를 망치고, 범죄와 자살, 전쟁을 일으키는 가장 큰 원인이다."

이야기 하나. 경찰은 살인 및 사체손괴, 시신유기 혐의로 A씨를 구속했다. 그는 지난 8일 서울 한 모텔에서 손님을 둔기로 살해한 뒤 모텔 방에 내버려 뒀다가 시신을 여러 부위로 훼손한 뒤 한강에 유기한 혐의를 받고 있다. 이후 경찰의 수사망이 좁혀오자 경찰에 자수했다. 그는 경찰에게 "피해자가 모텔 숙박비를 주지 않고 반말을 하는 등 기분 나쁘게 해서 홧김에 살해했다"라고 그 이유를 밝혀 다시 한번 깜짝 놀라게 했다.

이야기 둘. 취업 면접에서 계속 떨어져서 화가 난다는 이유로 지나가던 여성을 '묻지 마 폭행'한 20대 남성에게 벌금형이 선고되었다. 15일 서울중앙지법은 상해 혐의로 기소된 B씨에게 벌금 50만 원을 선고했다고 밝혔다. 그는 몇 달 전 서울의 한 지하철역 인근에서 지나가던 피해자에게 다가가 주먹으로 수차례 폭행한 혐의로 기소되었다.

하나같이 우리를 분노하게 하는 사건들이다. 특히 반성하지 않는 그들의 뻔뻔함과 그것을 제대로 벌하지 않는 사회 시스템이 우리를 더욱더 화나게 한다. 만일 그들이 자기 마음속 불을 제대로 다스릴 줄 알았다면 어땠을까. 일이 그렇게까지는 커지지는 않았을 것이다.

순간적으로 울컥하는 화를 다스리지 못해서 인생에 큰 오점을 남기는 일은 수없이 많다. 2006년 독일월드컵 결승전에서 프랑스 축구팀 주장이었던 지네딘 지단Zinedine Zidane이 보인 일명 '박치기' 사건 역시 그 대표적인 예의 하나다. 당시 지단은 독일 수비수의 도발을 참지 못하고 박치기해서 퇴장당했다. 그 결과, 프랑스는 우승 문턱에서 좌절했을 뿐만 아니라 지단 역시 한동안 웃음거리로 전락하고 말았다.

우리 주변에서도 그런 일은 얼마든지 일어난다. 다른 사람에게 맞고 들어온 아들을 보고 화가 나 보복폭행을 했다가 큰 곤욕을 치른 사람이 있는가 하면, 가족을 조롱하는 관중에게 욕설해서 중징계를 받은 선수, 취재 카메라를 밀치며 욕을 내뱉은 선수도 있다.

나 역시 화를 내는 데 매우 서투른 편이다. 다른 사람들에게 좋은 사람으로 보여야 한다는 맹목적인 심리 때문이다. 그러다 보니 화가 나더라도 무조건 참는 편이다. 화를 내는 순간, 그때까지 쌓아온 것이 모두 무너지는 것은 물론 관계 역시 깨질 수도 있기 때문이다. 하지만 그런데도 화를 참지 못할 때가 더러 있다. 물론 그 대상은 가장 만만한 사람, 즉 가족인 경우가 많다. 가족이라는 이유만으로 괜히 옆에 있다가 화풀이 대상이 되는 셈이다. 그때마다 곧 후회하곤 하지만, 뒤끝이 영 개운하지만은 않다. 무엇보다도 내 감정조차 제대로 다루지 못하는 나 자신에게 화가 나기 때문이다.

화를 적절하게 잘 내면 문제 해결에 큰 도움이 되지만, 그렇지 않으면 고통에 빠질 뿐만 아니라 스트레스에 시달리고, 인간관계 역시 단절될 수 있다. 중요한 것은 그렇게 되면 몸과 마음의 건강이 모두 나빠진다는 것이다. 그렇다면 어떻게 화를 다스리고 표출하는 것이 좋을까.

미국 조지타운 의과대학의 임상심리학과 교수인 로버트 네이^{Robert Nay} 박사는《쿨하게 화내기^{Taking Charge of Anger}》에서 화가 날 때는 'STOP' 방법을 사용하라고 한다. '멈추고(Stop), 생각하고(Think), 객관화하고(Objectify), 계획을 세우라(Plan)'는 것이다.

● **1단계 – 분노 멈추기**

긴장을 풀기 위해 심호흡하거나 물을 한 모금 마시는 것이 좋다. 화가 나는 상황에서 잠시 벗어나는 것 역시 좋은 방법이다.

● **2단계 – 생각하기**

무엇이 화나게 하는지 살피고 그것을 내려놓기

● **3단계 – 객관화하기**

화가 나는 생각 대신 새로운 생각으로 채우기. 단, 객관적 사실에 근거해야 한다.

● **4단계 – 계획 세우기**

앞으로 어떻게 할지를 계획하는 단계. 앞으로 해야 할 말이나 행동에

관한 구체적인 계획 세우기

개그우먼 정선희 씨 역시 화와 관련한 자신만의 치유법을 고백해서 눈길을 끈 적 있다. 그녀는 사생활에 대한 터무니 없는 기사와 루머에 화병을 앓았던 자신의 과거를 고백하며, 말도 안 되는 기사와 소문을 접하고 스트레스가 생긴 나머지 처음에는 자기 자신을 괴롭혔다고 한다. 그러다가 화날 때 '욕 산행'을 한다는 라디오 청취자의 사연을 듣고 영감을 얻어 화날 때마다 '욕 일기'를 쓰며 감정을 다스리게 되었다고 한다. 그러면서 이렇게 말했다.

"욕 일기를 쓰면 처음에는 감정이 격해지기도 하지만, 말로 하는 것보다 감정을 추스르는 게 훨씬 쉽고, 기록으로 남기 때문에 세 줄 이상 쓰면 나 자신에게 부끄럽기 때문에 세 줄을 넘기기 전에 담담한 감정 정리가 가능하다."

이렇듯 어떤 사람은 화를 지혜롭게 다루면서 인생을 술술 풀어가지만, 어떤 사람은 화를 어리석게 다뤄 자신은 물론 주변 사람들에게까지 깊은 상처를 남기기도 한다.

미국의 유명 심리치료사 비벌리 엔젤Beverly Engel은 그에 대해서 이렇게 말한다.

"화는 다른 감정과 마찬가지로 우리의 생존을 보증하는 심리적 방어수단이자 위협을 직시하게 하는 경보장치이다. 그 때문에 만일 누군가가 자신을 화나게 했다면 주저하지 말고 상대에게 자신의 감정을 직접 표현해야 한다. 단, 이때 주의할 점이 있다. 상대를 비난하거나 빈정거리는 등 감정적인 학대를 되풀이해서는 절대 안 된다는 것이다. 그렇게 되면 오히려 상대의 화만 돋우는 악순환을 반복할 수 있다."

▶▶▶ 대부분 사람은 화가 나면 감정을 억누른다. 화를 내는 것은 어른스럽지 못하다는 편견 때문이다. 하지만 화를 무조건 참는 것이야말로 모든 불행의 원인이다. 화로 인해 사회생활에 문제가 생기면 가정 역시 행복할 수 없다. 따라서 화가 나면 참지 말고 그때그때 풀어야 한다. 그래야만 몸과 마음이 건강해지고 인생 역시 술술 풀린다.

완벽주의의
함정에서 벗어나기

실수는 불가피한 것일 수도 있지만,
현명하고 올바른 사람은 오류와 실수를 통해 미래를 사는 지혜를 깨우친다.

__ 플루타르코스

초나라의 변화^{卞和}라는 사람이 여왕에게 옥돌을 바쳤다. 하지만 그 가치를 알아보지 못한 여왕은 자신을 속였다는 죄로 그의 발뒤꿈치를 자른다. 절름발이로 살아가던 그는 여왕이 죽은 후 무왕에게 다시 그 옥돌을 바쳤지만, 그 역시 그 원석의 가치를 알아보지 못한다. 결국, 그는 남은 발뒤꿈치마저 잘리고 만다. 얼마 후 문왕이 즉위하자 그는 초산 아래로 가서 옥돌을 끌어안은 채 사흘 밤낮을 목 놓아 울었다. 그 소식을 들은 문왕이 그가 바친 옥돌을 다듬어 구슬을 만들게 했더니 티끌 하나 없이 아름다웠다. 그것이 바로 화씨벽^{和氏璧}으로, 완벽^{完璧}하다는 말은 바로 거기서 나왔다.

일본 메이지 시대 미술계의 이론적 지도자 오카쿠라 덴신^{岡倉天心}의《차 이야기^{The book of Tea}》를 보면 다음과 같은 이야기가 나온다.

일본 다도의 성인으로 유명한 센노리큐는 아들이 정원을 청소하는 모습을 가만히 지켜봤다. 그리고 아들을 향해 이렇게 말했다.

"아직도 청소가 덜 끝났느냐?"

아들은 아무 말 없이 한참을 더 청소하더니, 잠시 후 이렇게 말했다.

"아버지, 이제 더는 청소할 곳이 없습니다. 계단은 세 번이나 쓸었고, 석등도 여러 번 닦았습니다. 나무에 물도 주었고, 이끼도 반짝반짝 윤이 납니다. 보십시오, 바닥에 먼지 하나 없이 깨끗한 것을."

그러나 그는 아들을 칭찬하는 대신 오히려 질책했다.

"어리석구나. 이것은 정원을 청소한 것이 아니라 망친 것에 가깝다."

그러면서 정원의 나무를 흔들어서 알록달록 물든 나뭇잎을 바닥에 떨어지게 했다.

"정원을 청소할 때는 깨끗한 것도 중요하지만, 자연미 역시 생각해야 한다."

그는 아들의 완벽한 태도를 지적했다. 지나친 완벽주의로 인해 정원의 아름다움마저 깨뜨렸기 때문이다.

__오카쿠라 덴신, 《차 이야기》 중에서

"시대마다 그 시대에 고유한 주요 질병이 있다."

독일 카를스루에 조형예술대학 한병철 교수의 말이다. 그는 우리 시대를 자본주의가 낳은 '피로 사회'로 규정한다. 자본주의의 최고 가치는 단연코 '성공'이다. 문제는 성공에 대한 지나친 집착이 우리를 점점 피로하게 하고, 실패하면 좌절하게 한다는 것이다.

독일의 유명 저널리스트인 클라우스 베를레Klaus Werle 역시 그와 비슷한 주장을 한 바 있다. 그에 따르면, 완벽주의는 21세기 신앙이 되었다. 더 높은 학벌, 더 좋은 직장, 더 많은 연봉, 더 똑똑한 자녀…. 모든 사람이 점점 더 완벽한 삶을 꿈꾼다. 그러나 완벽을 추구하고 그것에 집착할수록 오히려 함정에 빠지게 된다. 많은 이들이 집중력 약화와 수면장애, 우울증 같은 후유증에 시달리기 때문이다. 이렇듯 완벽주의는 자신을 한없이 혹사하면서 파멸로 이끈다.

완벽주의자들은 언제나 성취 불가능한 목표를 설정한다. 그 때문에 만족과 기쁨보다는 실망과 좌절을 경험할 가능성이 크다고 심리학자들은 얘기한다.

"완벽주의자들은 항상 성취할 수 없는 수준의 목표를 정하고, 그것을 이루기 위해 온갖 수단과 방법을 가리지 않는다. 그리고 자신만의 기준으로 그것을 평가한다."

완벽주의자의 가장 큰 문제점은 정작 중요한 일에 집중하지 못한다는 것이다. 모든 일에서 완벽해지려는 성향 때문이다. 그러다 보니 쓸데없는 일에 지나치게 신경 쓴다. 예컨대, 기획서 작성에서 가장 중요한 일은 어떤 내용으로 그것을 채우느냐이다. 그 때문에 무엇을, 어떻게 쓸 것인지에 집중해야 하지만, 완벽주의자들은 표지를 어떻게 만들 것인지에도 신경 쓴 나머지 정해진 시간 안에 그것을 작성하지 못하는 경우가 많다.

완벽주의자의 또 다른 문제는 자기 발전을 가로막는다는 것이다. 어떤 실수도 인정하지 않기 때문이다. 실수를 통해서 더 많은 것을 얻고, 세상이 진보한다는 사실을 간과하는 셈이다.

사실 우리가 아는 많은 발명품과 세계사를 바꾼 이론 중에는 실수해서 비롯된 것이 적지 않다. 그 때문에 세계적인 경영자들에게 "살면서 무엇으로부터 가장 많이 배웠느냐?"라고 물으면 "실수"라고 답하는 사람이 의외로 많다.

성공하는 사람들이 실수를 바라보는 시각 역시 남다르다. 예컨대, 기상학자인 에드워드 노턴 로렌즈 Edward Norton Lorenz 는 실수 때문에 '나비 효과 Butterfly Effect'를 발견할 수 있었다.

어느 날 그는 컴퓨터에 숫자를 입력할 때 소수점 셋째 자리까지만 입력하는 실수를 했다. 그러자 시뮬레이션 결과가 이상하게 나왔고, 그것을 본 그는 소수점 넷째 자리 이후의 매우 작은 값이 시뮬레이션 결과에 큰 영향을 미친다는 사실을 알게 되었다. 그것이 바로 '브라질에서 나비의 작은 날갯짓이 텍사스에서 커다란 토네이도를 일으킨다'라는 나비 효과 이론의 기초가 되었다.

그런 점에서 볼 때 완벽주의는 시간과 노력 낭비에 지나지 않는다. 지나친 완벽 추구로 인해 남는 것은 더 완벽해지지 못한 것에 대한 탄식과 후회뿐이기 때문이다. 또한, 완벽주의자들은 자신이 완벽하다고 생각하는 그 일이 타인에게는 완벽하지 않게 보일 수도 있다는 사실 역시 간과하고 있다.

완벽주의가 잘못되었다는 것은 아니다. 완벽주의 자체는 그리 나쁜 것이 아니다. 지나칠 정도로 완벽주의를 추구했던 스티브 잡스 Steve Jobs 와 완벽주의 기업 문화를 기반으로 세계적인 기업으로 우뚝 선 〈삼성〉이 우리 사회 발전에 이바지한 점 역시 절대 적지 않다는 것이 그 방증이다. 문제는 그것에 지나치게 집착한 나머지 잠재력을 발휘할 수 없게 하고 사회 발전을 막는 완벽주의에 대한 지나친 추종과 맹신이다. 그런 함정에서만 벗어난다면 완벽주의 역시 사회 변화와 개인의 발전을 이끄는 기준이자 가치가 될 수 있다.

▶▶▶ 모든 일을 완벽하게 해야 한다는 생각은 현재의 성과를 거부하게 할 뿐만 아니라 목표를 향해 전진하는 과정의 즐거움 역시 부정하게 한다. 더 큰 문제는 그로 인한 좌절감이 삶을 피폐하게 한다는 것이다. 우리가 어렸을 때 수없이 넘어지면서 걸음마를 배우듯 실패를 통해서 더 많은 것을 배울 수 있다는 사실을 절대 잊어서는 안 된다.

'안 될 것이라'는
벽 무너뜨리기

현재의 모습으로 그를 판단한다면 그는 더 나빠질 것이다.
하지만 그를 미래의 가능한 모습으로 바라보라.
그러면 그는 정말로 그런 사람이 될 것이다.

__ **요한 볼프강 폰 괴테**

기술Technology, 엔터테인먼트Entertainment, 디자인Design의 앞글자를 딴 'TED'는 1984년 창립된 미국의 비영리 재단으로 처음에는 이 세 가지 분야를 중심으로 강연해왔지만, 최근에는 과학에서 국제적인 이슈까지 다양한 분야의 강연을 진행하고 있다. 강연자들은 각 분야의 석학과 괄목할 만한 업적을 이룬 사람이 대부분이지만, 공유할 가치가 있는 아이디어를 가진 사람들의 이야기 역시 제공한다. 강연은 18분 이내에 이루어지며, 하나의 강연이 진행될 때마다 전 세계 수많은 사람이 열광한다. 그런 점에서 TED 강연은 전혀 모르던 사람이 어떻게 우리 생각과 행동에 즉각적인 영향을 미치는지 보여주는 좋은 예라고 할 수 있다.

일본 홋카이도 아카비라시에서 로켓 공장을 운영하는 우에마쓰 쓰토무植松努 역시 테드 강연을 통해 500만 명이 넘는 사람의 마음을 움직였다. 과거와 이룰 수 없는 일에 집착하는 대신 미래와 꿈에 집중하는 그의 이야기가 큰 울림을 주었기 때문이다.

"불가능한 일에 도전하는 것은 꿈을 향해 뚜벅뚜벅 걸어가는 과정과도 같습니다. 때때로 삶에서 '너, 자의식 과잉인 것 아니야!', '불가능한 꿈은 말하지도 마!'라는 비난의 말을 하는 사람들을 마주칠 것입니다. 그러나 그런 태도를 가진 사람들은 아무리 시간이 흘러도 성장하지 못한 채 항상 같은 자리에 멈춰있을 것입니다. 그렇기 때문에 여러분이 앞으로 걸어가다 보면 곧 보이지 않게 됩니다."

인구 1만 명도 채 되지 않는 변두리에 자리한 직원 스무 명 남짓한 그의 로켓 공장에는 로켓 전문가가 단 한 명도 없다. 그를 제외한 직원 모두가 로켓과는 전혀 상관없는 일을 했다. 심지어 보육교사를 했던 사람도 있다. 놀라운 것은 그들이 직접 로켓을 만든다는 것이다. 이에 대한 그의 생각은 확고하다.

"그런 사람도 로켓을 만들고 우주개발을 할 수 있는 시대가 되었다. 마음만 먹으면 누구나 로켓을 만들 수 있다. 나도 하는데 그들이라고 못할 리 없다."

얼핏 생각하면, 로켓 전문가도 없는 데다가 한적한 시골 변두리에 공장이 자리하고 있어서 매우 한가할 것 같지만, 사실 그의 공장은 매일 많은 사람으로 붐빈다. 로켓 만드는 것을 보고, 실험용 미니 로켓을 직접 만들어보기 위해 방문하는 어린 학생들부터 로켓 전문가에 이르기까지 수많은 사람이 방문하기 때문이다.

그의 공장에는 미국 〈NASA〉와 독일 두 곳밖에 없는 무중력 실험 탑이 있다. 그러다 보니 일 년의 3분의 1은 일본 우주항공연구개발기구JAXA가 실험을 위해서 사용하고 있다. 그것을 만드는 데 필요한 부품 역시 직접 만들었다. 어떤 부품도 팔지 않았기 때문이다. 수많은 실패와 숱한 우여 곡절을 겪었지만, 번번이 그것을 떨치고 일어났다.

사실 그는 그리 뛰어난 모범생도, 사업수완이 좋은 사업가도 아니다. "넌 열 개를 들으면 하나밖에 못 외우는 놈이야"라는 말을 숱하게 들으면서 자랐을 만큼 아주 평범한 사람이다. 그런 그에게 용기를 준 사람은 할머니였다.

그의 할머니는 그가 모범생으로 자라서 평범한 삶을 살기보다는 하고 싶은 일을 하며 사는 열정 가득한 사람이 되기를 바랐다.

"돈의 가치는 변하는 법이야. 그래서 하찮지. 그러니 돈이 있다면 저금 따위는 하지 말고 책을 사서 읽어라. 그것은 누구에게도 뺏기지 않고 새로운 것을 만들어낼 수 있단다."

세상에서 처음 하는 일은 누구도 가르쳐줄 수 없다. 그것에 대해서 아는 사람이 전혀 없기 때문이다. 아직 오지 않은 미래와 꿈 역시 마찬가지다. 누구도 그것을 알 수 없다. 교과서에 나오는 지식이나 부모, 선배, 선생님이 가르쳐주는 것은 모두 과거의 것이다. 과거의 기준으로 미래와 꿈을 평가해서는 안 된다.

1954년 5월 6일 밤, 영국 옥스퍼드에 자리한 이플리 로드 육상 경기장에서는 모두가 불가능하다고 생각했던 일이 일어났다. 로저 배니스터^{Roger} ^{Bannister}라는 옥스퍼드대학 의대생이 1마일을 4분 만에 달리는 데 성공했기 때문이다. 육상 대회 역사상 1마일을 4분 만에 달린 것은 그가 처음이었다. 놀라운 것은 그 후였다. 한 번 기록이 깨지자 계속해서 신기록이 속출했다.

도저히 불가능하다고 했던 기록이 매번 깨진 데는 로저 배니스터의 역할이 컸다. 그가 신기록을 세우는 것을 본 다른 선수들 역시 '나 역시 그것을 충분히 깰 수 있다'라는 믿음이 생겼기 때문이다.

우리 역시 로저 배니스터처럼 우리 자신에게 동기부여 하는 사람을 찾아야 한다. 중요한 것은 진짜 동기는 다른 사람에게 부여받는 것이 아니라 스스로 찾아야 한다는 것이다. 그것은 꿈과 연결될 때 비로소 나온다. 그러자면 우에마쓰 쓰토무가 그랬듯이 '왜'라는 말에서부터 시작한다. '왜 그 일을 해야 하는지' 알아야만 마음이 비로소 움직이기 때문이다. 따라서 '왜'에 집중해서 행동을 끌어내는 마음의 지점을 정확히 공략해야 한다.

"불가능한 일에 도전하는 것은 꿈을 향해 뚜벅뚜벅 걸어가는 과정과도 같습니다. 때때로 삶에서 '너, 자의식 과잉 아니야!', '불가능한 꿈은 말하지도 마!'라며 비난하는 사람과 마주할 것입니다. 그런 사람들은 아무리 시간이 흘러도 성장하지 못한 채 항상 같은 자리에 멈춰있을 것입니다. 그 때문에 여러분이 앞으로 걸어가다 보면 곧 보이지 않게 됩니다. … 무슨 일이건 하다가 보면 생각만큼 잘 안 되는 수도 있습니다. 그때는 '아, 이렇게 하면 안 되는구나. 그렇다면 이렇게 해 볼까?'라며 자신을 위로하세요. 그래야만 앞을 향해 나아갈 수 있습니다."

___우에마쓰 쓰토무, 《비웃는 사람이 사라질 때까지 걷자》 중에서

▶▶▶ 지금의 나를 보고 미래의 나를 결정해서는 안 된다. 사람은 살면서 수십 번도 더 변하기 때문이다. 세상에는 지금의 내가 원하는 삶을 사

는 이들이 분명 있다. 중요한 것은 그들 역시 우리와 똑같은 길을 걸었고, 똑같은 생각을 하면서 고뇌와 성찰의 시간을 보냈다는 것이다. 그들은 과거가 아닌 미래를 보며, 꿈을 그렸다. 우리 역시 뒤가 아닌 앞을 향해 나가야 한다. 더는 지나간 일에 집착해서 미래마저 불안하게 해서는 안 된다.

'열심히 하면 누구나 꿈을 이룰 수 있다'라는 희망 고문

희망은 마치 독수리의 눈빛과도 같다.
항상 닿을 수 없을 정도로 아득히 먼 곳만 바라보고 있기 때문이다.
진정한 희망이란 바로 나를 신뢰하는 것이다.
행운은 거울 속의 나를 바라볼 수 있을 만큼 용기가 있는 사람을 따른다.

__쇼펜하우어

모든 결과에는 그것을 일어나게 한 이유, 즉 원인이 분명 있다. 즉, 어떤 일도 원인 없이 일어나지는 않는다. 이를 '부메랑의 법칙'이라고 한다. 하지만 우리 인생은 때때로 부메랑의 법칙에서 어긋나기도 한다. 예컨대, 열심히 노력만 하면 누구나 성공하고 꿈을 이룰 수 있을까?

꿈을 이루려면 엄청난 노력뿐만 아니라 주변 사람들의 도움과 운 역시 필요하다. 하지만 지금까지 많은 선생님과 어른, 심지어 자기계발서조차 그저 열심히만 하면 누구나 성공하고 꿈을 이룰 수 있다고 말해왔다. 대부분 사람은 그것을 단 한 번도 의심하지 않고 곧이곧대로 믿었다. 그리고 정말 최선을 다해 살았다. 하지만 그 결과는 우리를 실망하게 했다. 분명히 선생님과 어른들이 가르쳐준 공식대로 문제를 풀었지만, 정답이 아닌 경우가 많았기 때문이다.

요즘 아이들이 성공하려면 세 가지를 꼭 갖춰야 한다고 한다. '할아버지의 재력'과 '엄마의 정보력' 그리고 '아빠의 무관심'이 바로 그것이다. 어디에도 '노력'은 없다. 노력 없이도 얼마든지 성공할 수 있다는 방증이다.

'아빠 찬스', '엄마 찬스'라는 말도 유행하고 있다. 아빠나 엄마의 배경을 이용해서 입시나 취업에서 특혜를 받는 것을 말한다. 당사자야 좋겠지만, 그들과 함께 경쟁하는 사람들은 정말이지 분노할 일이다. 한마디로 불공정한 일이기 때문이다. 그렇다고 해서 아무 '빽'도 없는 자기 부모를 원망해야 할까.

열심히 노력만 하면 누구나 성공하고 꿈을 이룰 수 있다는 말은 희망 고문에 지나지 않는다. 희망 고문은 '거짓된 희망으로 오히려 괴로움을 주는 행위'를 말한다. 즉, 상대에게 원하는 것이 이루어질 것처럼 희망을 주지만, 그것이 현실로 나타나지 않아 오히려 고통만 주는 것을 말한다.

희망 고문은 조그만 가능성이라도 있으면 그것을 붙들고 뭔가 해 보려고 노력하다가 결국 허사 되었을 때 인간의 심리를 반영한 것으로, 프랑스 작가 오귀스트 빌리에 드 릴아당Auguste Villiers de l'Isle-Adam의 단편소설《희망이라는 고문La torture par l'esperance》에서 비롯되었다.

아제르 아바르바넬이라는 유대 랍비가 고리대금업을 했다는 죄로 감옥에 갇혀 화형에 처할 날을 기다린다. 화형식 전날, 랍비 앞에 나타난 종교재판관은 마지막으로 편히 쉴 수 있도록 쇠사슬을 풀어준 뒤 감옥을 나간다. 혼자 남아 있던 랍비는 문이 제대로 닫히지 않은 사실을 알고 고문으로 망가진 몸을 이끌고 지하 감옥을 벗어나기 위해 애쓴다. 하지만 탈옥에 성공했다고 생각한 순간, 종교재판관인 페드로 아르뷔에즈 데스필라에게 붙잡히고 만다. 그 순간, 그는 이렇게 외친다.

"이 운명의 저녁은 미리 준비된 고문이었다. 바로 희망이라는 고문."

희망을 품게 했다가 다시 빼앗는 것이야말로 가장 잔인한 고문이다. 차라리 처음부터 희망을 품지 않게 했다면 일찌감치 포기할 수 있을 테니 말이다.

미국에서 가장 인기 있는 인플루언서이자 베스트셀러 《신경 끄기의 기술The Subtle Art of Not Giving a F*ck: A Counterintuitive Approach to Living a Good Life》의 저자인 마크 맨슨Mark Manson은 거기서 한 걸음 더 나아간다. 그는 "세상을 있는 그대로 보고 싶다면 더는 희망을 품지 말라"며, 지금까지 우리가 알고 있던 희망에 대한 믿음을 완전히 의심하고 뒤엎는다.

"희망을 지키기 위해서, 우리는 자신을 바꾸겠다고 완전히 새롭고 전혀 다른 누군가가 돼야겠다고 결심한다. 자신을 변화시키겠다는 이 욕망은 우리를 다시 희망으로 채운다. 우리가 이런 이야기에 매달리는 이유는 자신을 완전히 통제할 수 있다는 믿음이 희망의 근원이기 때문이다. 우리는 자신이 운명의 주인이며, 꿈꾸는 것은 무엇이든 할 수 있다고 믿는다. 이것이 바로 이성으로 감정을 통제해야 한다는 믿음이 수백 년간 지속하는 이유다. 하지만 그 통설은 틀렸다."

__마크 맨슨, 《희망 버리기 기술》 중에서

그에 의하면, 지금보다 나은 삶을 만드는 것은 우리가 견딘 고통의 시간이지 꿈꾸는 시간이 아니다. 따라서 희망을 버리고 외부의 스트레스를 받을수록 강해지는 시스템을 우리 안에 만들어야 한다. 즉, 무작정 희망을 품는 대신 꿈을 이루는 과정에서 만나는 고난과 좌절을 이겨내는 자기만의 시스템을 만들라는 것이다. 그래야만 더 나은 삶을 살 수 있기 때문이다.

하지만 그것이 꿈을 포기하거나 자포자기해도 좋을 이유나 변명거리가 되어서는 안 된다. 꿈이 없는 사람은 미래 역시 없기 때문이다. 또한, 그렇게 되면 자기 자신이 아닌 다른 사람의 꿈을 위해 수동적이고 소극적인 삶을 살게 된다. 과연, 그것이 우리가 진정으로 원하는 삶일까.

▶▶▶ 꿈이 있는 한 세상은 도전할만한 가치가 있다. 그 때문에 어떤 일이 있어도 꿈꾸는 것을 포기하거나 꿈을 잃어서는 안 된다. 다만, 헛된 꿈과 희망에 사로잡혀 인생을 낭비해서는 안 된다. 그것이야말로 희망고문에 지나지 않기 때문이다. 따라서 꿈을 향해 열심히 나아가되, 이룰 수 없는 꿈은 일찌감치 접는 것도 행복의 비결이다.

걱정은 우리를 힘들게만 할 뿐
어디에도 데려다주지 못한다

행복하기 위해 '무엇'에 집착한다면, 정말 그 '무엇'을 얻을 수 있을까?
우리가 처한 환경이란 생각보다 매우 심술궂다.
우리가 무엇인가에 집착할수록 오히려 그 반대되는 결과를 초래하기 때문이다.

__ 앤드루 매슈스

조선 후기 실학자 다산 정약용의 〈가난한 근심〉이라는 글이 있다. 다산은 여기서 사람들이 정작 걱정해야 할 것은 걱정하지 않고 쓸데없는 고민과 부질없는 이익만 좇는 것을 경계했다.

"사람들은 부질없는 이익을 좇아 부지런히 달리느라 쓸데없는 것에 집착한다. 그 때문에 정신이 매우 고달프다. 하지만 누구도 자기 정신을 기르는 일은 걱정하지 않는다."

200여 년 전 글이지만, 예나 지금이나 사람들이 쓸데없는 걱정에 시달리는 것은 마찬가지인 듯하다.

한 마법사가 알라딘을 꾀어내어 동굴에 있는 낡은 램프를 대신 가져오라고 한다. 얼마 후 램프를 손에 넣은 알라딘이 마법사에게 동굴에서 꺼내 달라고 하자, 마법사는 램프를 먼저 건네면 꺼내 주겠다고 한다. 알라딘은 이를 거부하고 마법사와 실랑이를 벌이다가 그만 동굴에 갇혀 버린다. 다행히 알라딘은 마법사가 위험에 처했을 때 사용하라고 준 반지를 이용해서 동굴을 탈출한다. 집으로 돌아온 알라딘은 램프를 어머니에게 맡겼는데, 어머니가 램프를 닦자 소원을 들어주는 요정 지니가 나타난다.

동화 〈알라딘과 요술 램프Aladdin's Wonderful Lamp〉의 줄거리다. 동화에서 알라딘은 실제로 일어날 가능성이 없는 일을 걱정하며 램프의 요정 지니를 수시로 불러낸다.

밑도 끝도 없는 걱정을 수시로 하며 그 속에서 벗어나지 못하는 현상을 '램프 증후군Lamp Syndrome'이라고 한다. 쓸데없는 걱정으로 자신을 괴롭히던 알라딘을 빗대어 하는 말이다.

지나치다 싶을 만큼 걱정거리를 안고 사는 사람들이 더러 있다. 그들에게는 눈에 보이는 모든 것이 걱정거리고 고민이다. 출근할 때 지하철을 탈 것인지 버스를 탈 것인지부터 점심으로 뭘 먹을지, 퇴근 후 모처럼만에 있는 친구 모임에 참석할 것인지 말 것인지 등등….

인간관계에서도 마찬가지다. 자신을 불편하게 하는 사람에게 참다못해 한마디 하고는 불안해하기 일쑤다. 혹시 그 사람이 앙갚음하거나 다른 사람들에게 나쁜 얘기라도 전할까 봐서 걱정되기 때문이다. 그런가 하면 어떤 주부는 아이가 나물 반찬을 먹지 않아서, 아이가 키가 자라지 않아서 걱정이 이만저만한 게 아니다.

당사자들 처지에서는 더할 수 없는 고민이자 걱정거리임이 틀림없다. 그 때문에 그렇게 가슴앓이를 하는 것일 테고. 하지만 출근할 때 지하철을 탈 것인지 버스를 탈 것인지, 점심으로 뭘 먹을지, 친구 모임에 참석

할 것인지 말 것인지를 두고 걱정하고 고민하는 것이 과연 우리 삶에 얼마나 도움이 될까. 자신을 불편하게 하는 사람에게 참다못해 한마디 한후 뒷일을 걱정하는 것과 아직 어린아이의 편식과 키가 크지 않아서 걱정하는 것 역시 마찬가지다. 모두 삶을 크게 좌우할 만큼 대단한 문제는 아니다. 마음만 먹으면 얼마든지 해결할 수 있고, 시간이 흐르면 충분히 해결되는 일이기 때문이다. 즉, 그것은 쓸데없는 고민일 뿐이다.

사람은 살면서 열 번도 넘게 변한다. 나만 해도 그렇다. 어린 시절에는 손도 대지 않았던 음식을 언제부터인가 주기적으로 찾는다. 예컨대, 나는 학창 시절에 우뭇가사리로 만든 묵을 매우 싫어했다. 심지어 고등학교에 다닐 때 2년 동안 같은 집에서 자취했는데, 그 집 아주머니가 우뭇가사리로 묵을 만들어서 시장에 내다 팔던 터라 간혹 먹어보라고 권했지만, 단 한 번도 먹지 않았다. 미끌미끌한 데다가 아무 맛도 느껴지지 않았기 때문이다. 하지만 지금은 여름이면 냉장고 가득 그것을 채워두고 먹는다. 음식 맛이 변했기 때문이 아니다. 나이가 들면서 내 입맛이 변했다.

우리가 걱정하는 이유는 어려움에 대비하기 위해서다. 마음이 쓰이는 일을 미리 준비함으로써 지혜롭게 해결하기 위함인 것이다. 그렇게만 된다면 걱정도 충분히 해봄 직하다. 하지만 우리가 하는 걱정 대부분은 쓸데없는 것에 불과하다.

캐나다의 심리학자 어니 젤린스키Ernie J. Zelinski는 《모르고 사는 즐거움The Joy of Not Knowing It All》에서 이렇게 말한 바 있다.

"우리가 하는 걱정의 40%는 절대 현실에서 일어나지 않는다. 걱정의

30%는 이미 일어난 것이며, 22%는 사소한 것이다. 또한, 걱정의 4%는 우리 힘으로 어쩔 수 없는 것이며, 겨우 4%만이 우리가 바꿀 수 있다."

결국, 걱정의 96%는 우리가 통제할 수 없을 뿐만 아니라 쓸데없는 것이라는 얘기다.

티베트 속담에 "걱정을 해서 걱정이 없어지면 걱정이 없겠네"라는 말이 있다. 걱정한다고 해서 걱정이 없어지지는 않는다는 것이다. 미국의 어느 작가 역시 그와 비슷한 말을 했다.

"걱정은 흔들의자와도 같다."

흔들의자는 우리를 이리저리 흔들어주지만, 어디에도 데려다주지 못한다. 걱정 역시 마찬가지다. 우리를 힘들게 하게 하고 괴롭히기만 할 뿐 행복하게 하지는 못한다.

중남미 과테말라 고산지대에 사는 인디언에게는 '걱정 인형'이 전해져온다. 그들은 어떤 고민이나 걱정거리가 있으면 잠들기 전에 인형에게 말한 후 베개 밑에 인형을 넣고 잔다. 잠든 사이 인형이 고민과 걱정거리를 멀리 내다 버린다고 믿기 때문이다. 1.5cm의 작은 걱정 인형에는 어떤 고민이나 걱정거리가 있을 때 그것에 집착하느라 시간을 헛되이 쓰지 말라는 인디언의 지혜가 담겨 있다고 할 수 있다.

'명암明暗'이란 말은 '밝음과 어두움'을 뜻한다. 하지만 거기에는 또 다른 뜻이 있다. '우리가 살면서 마주하는 기쁨과 슬픔, 행복과 불행'이 바로 그것이다. 불교에서는 스님들이 그 이치를 깨우치기 위해서 평생 수행하기도 한다. 얼핏 보기에는 아무것도 아닌 것 같지만, 그 속뜻을 제대로 헤아리기란 여간해서 쉽지 않다.

삶의 에너지를 쓸데없는 고민으로 낭비해서는 안 된다. 걱정만 한다고 해서 나아지는 건 전혀 없기 때문이다. 쓸데없는 걱정은 또 다른 걱정을 낳을 뿐이다. 따라서 걱정하는 일일수록 몸으로 직접 부딪쳐서 돌파하거나 경험 많은 사람의 지혜를 빌려야 한다. 그래야만 걱정에서 벗어날 수 있다.

▶▶▶ 누구도 걱정 없이 살 수는 없다. 문제없는 사람은 없기 때문이다. 하지만 걱정은 우리를 힘들게만 할 뿐 어디에도 데려다주지 못한다. 따라서 걱정에 너무 얽매이지 말고 한 걸음 떨어져서 바라볼 필요가 있다. 걱정을 앞에 두고 우리가 어떻게 마음먹느냐에 따라 인생의 색이 달라지기 때문이다. 아울러 우리가 정말 걱정해야 할 일은 '어떻게 살 것인가' 이다.

● 우리가 목표를 달성하기 어려운 이유는 장애물이 가로막고 있어서가 아니다. 우리 스스로가 그것을 포기하기 때문이다. 성공하느냐, 실패하느냐는 전적으로 마음먹기에 달려 있다. 그것은 타고난 능력이 절대 아니다. 또한, 그것은 아무리 큰 돈이 있어도 절대 살 수 없다. 파는 것이 아니기 때문이다. 마음은 우리가 꿈을 이루는 문을 여는 열쇠가 될 수도 있으며, 그 문을 잠그는 자물쇠가 될 수도 있다.

__ 〈실패에 대처하는 자세〉 중에서

●● 많은 사람이 불필요한 짐을 잔뜩 껴안고 살아간다. 과거에 대한 후회와 미래에 대한 걱정, 한때 자기 것이었지만, 지금은 잃어버린 것들에 대한 아쉬움과 절망까지. 다른 사람보다 많이 뒤처질지도 모른다는 걱정과 조바심 때문이다. 하지만 그런 욕심과 질주, 경쟁의 삶이 과연 우리에게 얼마나 도움이 될까.

__ 〈스스로 감당할 수 없는 짐 버리기〉 중에서

●●● 때로는 하던 일에서 한발 물러서서 보면 뭐가 잘못되었는지, 어떻게 하면 더 잘할 수 있는지 알 수 있다. 또한, '반드시 이루고 싶은' 열정이 더 충만해질 수도 있다. 자기 일보다는 다른 사람의 일에서 실수를 잘 찾는 것도 바로 그때문이다.

__ 〈꿈을 좇되, 마지노선을 정해야 한다〉중에서

● ● ●

PART 4

인　　생　　의
마　　법　　은
두　　려　　움
너 머 에　있 다

실패에 대처하는 자세

실패하지 않는다는 것은 어떤 위험도 무릅쓰지 않고 있다는 것이다.
그것은 어떤 목표도 이루지 못하게 한다.
성공의 핵심은 경쟁자보다 더 빨리 실패하는 것이다.
그러면 거기서 중요한 교훈을 배울 수 있을 뿐만 아니라 성공할 기회가 더 많아진다.

__ 에이브러햄 링컨

- 15세 - 집을 잃고 길거리로 쫓겨남
- 23세 - 사업 실패
- 24세 - 주 의회 선거 낙선
- 25세 - 사업 실패(이때의 빚을 갚기 위해 17년간 고생함)
- 26세 - 약혼자 사망
- 28세 - 신경쇠약으로 입원
- 30세 - 주 의회 의장직 선거 출마, 낙선
- 32세 - 정·부통령 선거위원 출마, 낙선
- 35세 - 하원의원 선거 낙선
- 36세 - 하원의원 공천 탈락
- 40세 - 하원의원 재선거 낙선
- 47세 - 상원의원 선거 낙선

- 48세 - 부통령 후보 지명전 낙선
- 50세 - 상원의원 출마, 낙선
- 52세 - 16대 대통령 당선
- 53세 - 17대 대통령 당선

실패투성이 이 삶의 주인공은 미국인들이 가장 존경하는 대통령으로 꼽는 에이브러햄 링컨Abraham Lincoln이다. 링컨을 연구한 전문가들에 의하면, 그는 공식적으로 알려진 것만 스물일곱 번 실패했다고 한다. 그만큼 링컨은 가장 존경받는 인물이기도 하지만, 누구보다 많이 실패한 사람이었다. 하지만 그는 실패를 끝이라고 생각하지 않았다. 성공에 한 걸음 더 다가서는 중요한 교훈이자 자신이 더 성장하는 좋은 기회로 생각했기 때문이다.

"나는 선거에서 또 졌다는 소식을 듣고 곧바로 음식점으로 달려갔다. 그리고 배가 부를 정도로 음식을 많이 먹었다. 그 후 이발소에 가서 머리를 다듬은 후 기름을 듬뿍 발랐다. 이제 누구도 나를 실패한 사람으로 보지 않을 것이다. 왜냐하면, 나는 이제 막 다시 시작했기 때문이다. 배가 부르고, 머리가 단정하니, 내 걸음걸이는 바를 것이며, 내 목에서 나오는 목소리는 우렁찰 것이다. 나는 또 시작한다. 다시 힘을 내자."

살면서 누구나 실패를 경험한다. 물론 실패 경험이 단 한 번도 없는 사람도 있을 것이다. 하지만 그들에게는 성공이 당연하고 항상 있는 일일 테니, 성공 비밀 역시 그렇게 대단하지 않을 것이다.

실패했을 때 어떻게 대처하느냐에 따라 더 큰 위기에 부딪힐 수도, 전

화위복의 계기가 될 수도 있다. 그런 점에서 쉽고 편한 환경에서는 링컨과 같은 사람이 절대 나올 수 없다. 끊임없는 시련과 고통을 겪은 뒤라야 그처럼 마음이 단단해지고 포기와 좌절 대신 앞을 향해 나아가는 용기가 생기기 때문이다.

앞으로 나아가지 못하면 경쟁에서 뒤지거나 시대에 뒤떨어져 밀려날 수밖에 없다. 계속해서 자신을 업그레이드하지 않는 사람은 시대의 흐름을 절대 따라갈 수 없기 때문이다.

미국 공기업에서는 직원을 채용할 때 다음과 같은 표현을 자주 사용한다.

"You will shape up, or shake up!"

'지속해서 능력을 발전시키지 않으면 도태할 것'이라는 뜻이다.

늘 하던 대로 해서는 앞으로 나가는 대신 지금의 자리를 지킬 수밖에 없다. 현재 상황에 만족하지 않고 계속해서 자신을 계발하는 사람만이 앞으로 나아갈 수 있다.

'음악의 어머니'로 불리는 헨델^{Georg Friedrich Handel}은 1741년 8월 뇌중풍으로 쓰러져 몸의 반쪽이 마비되는 고난을 겪은 뒤 〈메시아^{Messiah}〉라는 불후의 명작을 만들었다. 〈백설공주와 일곱 난쟁이^{Snow White And The Seven Dwarfs}〉, 〈라이언킹^{The Lion King}〉 등으로 유명한 〈월트디즈니^{Walt Disney}〉를 세운 월트 디즈니 역시 처음 세운 회사가 파산하는 아픔을 겪었다. 에디슨^{Thomas Edison} 역시 마찬가지다. 수많은 실패를 겪은 뒤에야 하나의 발명품을 만들 수 있었다.

"전구를 발명하기 위해 나는 9,999번의 실험을 했지만 잘되지 않았다. 그러자 친구는 실패를 10,000번째 되풀이할 셈이냐고 물었다. 그러나 나는 실패한 게 아니고, 다만 전구가 안 되는 수천 가지의 방법을 발견했을 뿐이다."

하나의 도자기가 만들어지려면 도자기는 자기 몸을 1,250도의 열로 불태워야 한다. 그 온도에 이르러야만 흙 속에 있던 유리질이 모두 녹아서 밖으로 흘러나오고 아름다운 빛을 내뿜을 수 있기 때문이다. 우리 역시 마찬가지다. 실패에도 굴하지 않고 계속해서 앞을 향해 나아가야만, 진정한 나로 거듭날 수 있다.

어떤 이들에게 성공은 그리 대단한 것이 아니다. 그 때문에 성공하기 위해서 아득바득 일하지도 않을뿐더러 그렇게 신경 쓰지도 않는다. 그보다는 어떻게 사느냐에 훨씬 신경 쓴다. '무엇을 하느냐'가 아닌 '어떻게 사느냐'에 열중하는 것이다. 그 결과, 그들은 제자리걸음이나 후퇴가 아닌 전진하는 삶을 살며, 매 순간 자신을 뜨겁게 불태운다.

링컨 역시 그런 사람 중 한 명이었다. 많은 이들이 그를 존경하는 이유역시 바로 그 때문이다.

"내가 걸어온 길은 참으로 미끄러웠다. 그 과정에서 나는 수도 없이 넘어졌다. 하지만 나는 그 길 위에서 이렇게 말했다. '그래도 낭떠러지는 아니잖아.' 나는 묵묵히 준비했고, 천천히 걸었다. 하지만 절대 뒤로는 가지 않았다."

만약 링컨이 실패를 인생에서 필연적으로 겪게 되는 일로 받아들이지 않고, 절망했더라면 우리는 아마도 미국 역사상 가장 훌륭했던 대통령 중 한 사람인 그의 이야기를 듣지 못했을 것이다

▶▶▶ 우리가 목표를 달성하기 어려운 이유는 장애물이 가로막고 있어

서가 아니다. 우리 스스로가 그것을 포기하기 때문이다. 성공하느냐, 실패하느냐는 전적으로 마음먹기에 달려 있다. 그것은 타고난 능력이 절대 아니다. 또한, 그것은 아무리 큰돈이 있어도 절대 살 수 없다. 파는 것이 아니기 때문이다. 마음은 우리가 꿈을 이루는 문을 여는 열쇠가 될 수도 있으며, 그 문을 잠그는 자물쇠가 될 수도 있다.

승자독식 사회의 냉혹함

인간은 욕망이 충족될수록 더 큰 욕망을 갖는 유일한 동물이며,
절대 만족할 줄 모르는 유일한 동물이다.

＿ 헨리 조지

말은 어느 정도까지 시야를 확보할 수 있을까? 대부분 다른 동물처럼
말 역시 앞만 보며 질주할 것으로 생각하지만, 사실은 그렇지 않다.

말은 주변 330도까지 볼 수 있다. 자기 몸 꼬리 부분만 빼고 다 볼 수
있는 셈이다. 그런데 그것이 달릴 때는 단점이 된다. 정신이 산만해져서
집중할 수 없기 때문이다. 그것이 경주마에 '차안대(말이 옆이나 뒤를
보지 못하도록 말머리에 씌우는 안대)'라고 하는 눈가리개를 씌우는 이
유다.

'차안대'는 앞서 달리는 말이 박차는 모래에 얼굴을 얻어맞아도 아프
지 않게 하는 역할도 하지만, 주목적은 시야를 가리기 위한 것이다. 차안
대에는 눈 부분에 작은 구멍이 뚫려 있고, 뚜껑 같은 것이 달려 있다. 뚜
껑은 여러 가지 크기가 있는데, 크기에 따라서 눈동자를 가리는 범위가
달라진다. 예컨대, 2분의 1컵을 쓰면 뒤를 전혀 볼 수 없고, 4분의 3컵을

쓰면 오직 앞만 볼 수 있다. 한눈파는 일 없이 오로지 앞만 보고 달리게 하는 것이다.

우리 삶 역시 눈가리개를 한 경주마에 비유하곤 한다. 사회와 조직의 명령에 따라 죽기 살기로 앞만 보며 달리는 모습이 마치 경주마와도 같기 때문이다. 오직 승리한 사람에게만 큰 박수와 보상이 주어진다. '승자가 모든 것을 차지한다'라는 '승자독식 사회The Winner Takes All Society'라는 말이 괜히 나온 것이 아니다.

사실 'The Winner Takes It All' 말은 1980년대를 휩쓴 스웨덴의 인기 혼성그룹 '아바ABBA'가 부른 노래 제목이기도 하다. 실연의 아픔을 담은 이 노래는 사랑을 쟁취한 사람만이 모든 것을 가질 수 있다는 승자독식의 냉혹함을 말하고 있다.

우리가 겪어온 지난 일에 대해 나는 얘기하고 싶지 않아요.

비록 그것이 내 가슴을 아프게 할지라도

이제는 지나간 일일 뿐이에요.

나는 내 모든 걸 내었어요.

당신도 그렇게 했지요.

더는 할 말이 없어요.

나는 최선을 다했어요.

승자가 모든 걸 차지하죠.

패자는 초라하게 서 있을 뿐이죠.

__ABBA, 〈The Winner Takes It All〉 중에서

남녀 간의 연예만큼이나 승자독식의 논리가 잘 통용되는 것이 바로 스포츠다. 스포츠만큼 자본주의의 속성을 그대로 보여주는 것은 없기 때문이다.

올림픽 남자 육상 100m 경기를 보면 1등을 한 선수와 2등을 한 선수의 기록이 크게 차이 나지 않는다. 기껏해야 0.1~0.2초 차이에 불과하다. 예컨대, 2008년 미국 뉴욕에서 열린 국제 육상 그랑프리에서 자메이카의 우사인 볼트는 9초 72로 결승점을 통과하며 세계 신기록을 수립했다. 그의 뒤를 이어 2위를 차지한 미국의 타이슨 게이^{Tyson Gay}의 기록은 9초 85였다. 불과 0.13초 차이로, 우리가 눈 한 번 깜빡이는 시간보다 훨씬 짧다.

당연히 이날의 승리로 우사인 볼트는 무명 선수에서 단번에 세계적인 스포츠 스타가 되었지만, 2등을 차지한 타이슨 게이는 곧 잊히고 말았다. 승부의 세계에서 2등은 아무런 의미가 없기 때문이다. 다른 종목 역시 마찬가지다. 사람들은 1등에게만 열광할 뿐 2등에게는 관심을 두지 않는다. 2등은 그저 '패자'일 뿐이다.

미국 코넬대학 존슨경영대학원 로버트 프랭크^{Robert H. Frank} 석좌교수는 《승자독식 사회^{The Winner Take All Society}》에서 이렇게 말한다.

"100명이 참여하는 게임에서 재능 있는 3명이 예외 없이 승리하고 나머지 97명이 패배를 거듭하면 대부분은 흥미를 잃고 게임을 포기할 것이다."

승자독식 사회의 폐단을 이보다 더 적확하게 표현한 말은 없을 것이다. 그런데도 여전히 많은 사람이 질 게 뻔한 싸움에 계속해서 뛰어든다. 이기기만 하면 모든 것을 '독식'할 수 있다는 유혹에서 벗어나지 못하기 때문이다. 어떻게 하면 이 문제를 해결할 수 있을까.

로버트 프랭크 교수는 이에 대한 해답 역시 제시하고 있다.

"승자가 모든 것을 가지는 승자독식 사회에서는 구성원의 합의를 통해 최고상의 크기를 줄이고 경쟁을 완화해야만 비참한 사회로 추락하지 않게 된다."

《제5 도살장Slaughterhouse-Five》으로 유명한 미국의 작가 커트 보니것Kurt Vonnegut Jr.의 소설《푸른 수염Bluebeard》은 미디어의 발달에 따라 한때는 마을의 보물과도 같았던 적당히 재능 있는 사람들이 소용없어지는 현실을 날카롭게 풍자하고 있다.

"마을에서 노래를 가장 잘하던 사람, 춤을 가장 잘 추던 사람, 이야기 솜씨가 좋기로 유명하던 사람이 이제 소용없어졌다. 라디오와 텔레비전과 같은 미디어 때문에 세계 일인자들과 겨뤄야 하다 보니 재능을 선보일 기회를 잃어버린 것이다. 이제 그들은 그저 흥 많은 이웃 정도로만 남게 되었다."

대부분 사람이 경쟁에서 이기기 위해 오직 앞만 보면서 뛴다. 옆을 바라볼 여유도, 뒤를 돌아보며 성찰할 틈도 없다. 유치원에 들어가는 경쟁에서부터 초등학교 반장 선거, 대학입학 입시, 취업 전쟁, 취업 후 승진에 이르기까지 마치 눈을 가린 경주마가 골인 지점을 향해 앞만 보고 질주하듯 비장한 각오로 거기에 목숨을 건다.

▶▶▶ 승자독식 사회는 있는 자와 없는 자의 차이를 더욱 벌릴 뿐만 아니라 재능 있는 사람들을 유혹하여 비생산적이고 파괴적인 일에 빠지게

한다. 더 큰 문제는 그렇게 해서 그들을 결국 벼랑 끝으로 내몬다는 것이다. 과연, 그런 시스템이 우리에게 얼마나 유용할까. 중요한 것은 승자독식 사회의 그런 냉혹함은 우리를 행복하게 하기보다는 불행하게 한다는 것이다.

스스로 감당할 수 없는
짐 버리기

간소하게, 간소하게, 간소하게 살라!
제발 바라건대, 일을 두 가지나 세 가지로 줄일 것이며, 백 가지나 천 가지가 되도록 하지 말라.
인생을 단순하게 살수록 우주의 법칙은 더욱더 명료해질 것이다.
그때 비로소 고독은 고독이 아니고, 가난도 가난이 아니게 된다.

_ 헨리 데이비드 소로

법정 스님은 살아생전 화전민이 버리고 간 두메산골 오두막에서 글쓰기와 수행을 하며 지내다가 결국 아무것도 남기지 않고 열반에 드셨다. 평소 흠모했던 헨리 데이비드 소로의 사상을 '무소유'로써 몸소 실천한 것이다.

무소유의 사전적인 의미는 '아무것도 갖지 않는 것'이다. 하지만 법정 스님이 말하는 무소유는 그것과는 조금 다르다. 아무것도 갖지 않는 채로 세상을 살 수는 없기 때문이다. 법정 스님이 말하는 무소유는 '아무것도 갖지 않는다는 것이 아니라, 불필요한 것들을 갖지 않는다는 것'이다. 이를테면, 생활에 필요한 최소한의 것만 갖추는 '미니멀 라이프Minimal Life'인 셈이다.

법정 스님은 행복의 비결은 자기 자신으로부터 불필요한 것을 제거하는 데 있다고 했다. 즉, 행복하려면 불필요한 것과 과감히 헤어져야 한다는 것이다.

"우리는 필요에 의해서 물건을 가지지만, 때로는 그 물건 때문에 마음이 쓰이게 된다. 따라서 무엇인가를 갖는다는 것은 다른 한편으로 무엇인가에 얽매이는 것. 그러므로 많이 갖고 있다는 것은 그만큼 많이 얽매여 있다는 뜻이다."

__법정 스님, 《무소유》 중에서

나무가 잘 자라기 위해서는 겨울에 가지치기를 해줘야 한다. 모르긴 해도 나무 역시 그때 큰 고통을 느끼고, 무척 힘들 것이다. 자신의 피가 되어주고, 살이 되어주었던 가지를 잃는 상실감은 또 어떻겠는가. 하지만 그것은 잠시뿐이다. 가지를 치면 더 굵고 많은 열매를 맺을 수 있을 뿐만 아니라 병충해도 막을 수 있고, 오히려 더 튼튼해지기 때문이다. 가지치기는 고통이나 죽음이 아니라 성장이자 생명인 셈이다.

우리 삶 역시 마찬가지다. 불필요한 것들을 정리하면 삶이 한결 가벼워지고 중요한 일에 더욱더 집중할 수 있다.

나폴레옹Napoleon Bonaparte은 권력과 명예, 돈 등 세상 사람이 부러워하는 모든 것을 가졌지만 "평생 단 하루도 행복하지 않았다"라고 말한 바 있다. 하지만 헬렌 켈러Helen Adams Keller는 보지도 듣지도 못했지만 "인생은 정말 아름답다"라고 했다. 이는 행복과 풍요로운 삶은 아무런 관계가 없음을 말해준다.

사실 우리가 짊어진 가방 속에는 필요 없는 것이 너무 많다. 그 모든 것이 우리를 행복하게 해주지 않는다는 것을 잘 알면서도 그것을 버리지 못하는 이유는 과연 뭘까.

그것을 갖기 위해 들인 돈과 시간, 노력이 아깝기 때문이다. 물론 정이 들었기에 함부로 버리지 못할 수도 있다. 드물기는 하지만 물건을 쌓아둬야만 마음이 편안하다는 사람도 더러 있기는 하다. 하지만 그것이 더 중요한 미래의 가치를 깎아 먹고 있다는 사실을 알아야 한다. 그것을 사는 데 들인 돈과 시간, 노력은 이미 되돌릴 수 없다. 물건에 대한 사사로운 정 역시 마찬가지다. 비록 정리하는 것이 아깝겠지만, 일단 정리하고 나면 마음이 후련해진다는 것이 똑같은 일을 경험한 사람들의 공통적인 말이다.

만일 정리해야겠다고 마음먹었다면 빠를수록 좋다. 이제 그 수많은 짐으로부터 우리 몸과 마음을 자유롭게 해줘야 한다. 불필요한 것은 과감히 비우고, 버려야 한다. 비운다는 것, 버린다는 것은 빈곤함이나 뒤로 물러서는 것을 의미하는 것이 절대 아니다. '두 걸음 전진을 위한 한 걸음 후퇴'라는 말처럼 새로운 것을 채우고 더 나아지기 위한 삶의 과정일 뿐이다.

도종환 시인은 〈다시 피는 꽃〉이라는 시에서 가장 아름답고 소중한 것을 가장 먼저 미련 없이 버리라고 했다. 그래야만 새로운 생명을 얻을 수 있기 때문이다. 우리 역시 그런 마음이 필요하다.

가장 아름다운 걸 버릴 줄 알아야
꽃은 다시 핀다.
제 몸 가장 빛나는 꽃을
저를 키워준 들판에

거름으로 돌려보낼 줄 알아야

꽃은 봄이면 다시 살아난다.

가장 소중한 걸 미련 없이 버릴 줄 알아

나무는 다시 푸른 잎을 낸다.

하늘 아래 가장 자랑스럽던 열매도 저를 있게

한 숲이 원하면 되돌려줄 줄 알아야

나무는 봄이면 다시 생명을 얻는다.

___도종환, 〈다시 피는 꽃〉 중에서

삶은 채우는 것이 아니라 비우는 것이다. 특히 나이가 들수록 더욱더 그래야만 한다. 채울수록 늘어나는 것은 더 많은 것을 가지려는 헛된 욕심뿐이다. 그것은 대중교통만 이용하던 사람이 처음으로 자동차를 샀지만, 그 행복과 기쁨이 그리 오래가지 못하는 것과도 같다. 더 좋은 차가 눈에 자꾸 들어오기 때문이다.

사실 욕심은 채울수록 더 많이 늘어나게 되어 있다. 아닌 게 아니라 우리는 항상 채우고, 위 올라가는 데만 익숙하다. 지금보다 더 풍족한 생활, 더 좋은 직장, 더 높은 지위, 더 넓은 집, 더 많은 급여… 하지만 항상 채우고, 올라갈 수만 있다면 얼마나 좋겠는가. 문제는 삶의 공식은 우리의 바람과는 항상 일치하지만은 않는다는 것이다. 힘들게 올라가고 가득 채웠지만, 언젠가는 결국 내려와야 하고 비워야 하는 것이 바로 우리 삶이기 때문이다.

다른 사람이 어떻게 생각할지는 더는 신경 쓸 필요 없다. 그들 역시 우리를 전혀 신경 쓰지 않는다. 오직 자신의 삶을 발전시키는 데만 집중해야 한다.

미국의 작가 리처드 라이더Richard J.Leider와 데이비드 샤피로David A. Shapiro가 쓴 《인생의 절반쯤 왔을 때 깨닫게 되는 것들Things you realize when you're half way through in your life》을 보면 다음과 같은 글이 나온다.

"인생이란 결국 삶을 자기 것으로 만들어 나가는 내면의 오디세이다. 이 긴 항해를 통해 우리는 자신의 영혼 이외에는 누구도 자기 삶을 제어할 수 없다는 사실, 즉 자유로운 마음의 중요성을 깨닫게 된다. 그리고 자유로운 마음이란 끝없이 정신을 내리누르는 무거운 짐을 내려놓아야만 얻을 수 있으며, 그런 의미에서 깨우침이란 '짐을 가볍게'하는 의미로 이어진다."

혹시 우리가 짊어진 인생의 가방 안에도 불필요한 것이 잔뜩 들어 있는 것은 아닐까. 그 때문에 정작 중요한 것을 보지 못하는 어리석음을 반복하며 사는 것은 아닐까. 법정 스님의 말씀이 다시 한번 그것을 되돌아보게 한다.

"잎이 져버린 빈 가지에 생겨난 설화雪花를 보고 있으면 텅 빈 충만감이 차오른다. 아무것도 가진 것이 없는 빈 가지이기에 거기 아름다운 눈꽃이 피어난 것이다. 잎이 달린 상록수에서 그런 아름다움은 찾아보기 어렵다. 거기에는 이미 매달려 있는 것들이 있어 더 보탤 것이 없기 때문이다."

▶▶▶ 많은 사람이 불필요한 짐을 잔뜩 껴안고 살아간다. 과거에 대한 후회와 미래에 대한 걱정, 한때 자기 것이었지만, 지금은 잃어버린 것들

에 대한 아쉬움과 절망까지. 다른 사람보다 많이 뒤처질지도 모른다는 걱정과 조바심 때문이다. 하지만 그런 욕심과 질주, 경쟁의 삶이 과연 우리에게 얼마나 도움이 될까.

법정 스님의 말씀처럼 텅 빈 것에서도 충만함과 행복을 느낄 수 있어야 한다. 그러자면 자신의 내면으로 들어가 인생에서 가장 소중한 것을 찾아 거기에 전념해야 한다. 나아가 자기 인생의 우선순위는 다른 누구도 아닌 자기 자신이 되어야만 한다.

삶은 직선이 아닌 곡선

사람의 손이 빚어낸 문명은 직선이다. 그러나 본래 자연은 곡선이다.
인생의 길도 곡선이다. 끝이 빤히 내다보인다면 무슨 살맛이 나겠는가.
모르기 때문에 살맛이 나는 것이다. 이것이 바로 곡선의 묘미다.

_ **법정 스님**

누구나 살다 보면 원치 않는 상황과 마주할 때가 있다. 그것을 대하는 사람들의 태도는 다양하다. 보고도 못 본 척 그것을 회피하는 이들이 있는가 하면, 누군가에게 책임을 돌리는 무책임한 이들도 있다. 그런가 하면 아무렇지도 않게 그것을 기꺼이 받아들이는 이들도 있다.

실패 경험이 많을수록 대부분 사람은 마음이 크게 위축된다. 그렇게 되면 적극적으로 무엇을 하려는 마음이 사라지는 것은 물론 열정 역시 없어진다. 모든 일을 '될 대로 되라는 식'으로 생각하기 일쑤고, 운명으로 받아들이는 것이다. 그러면서도 항상 불안해하고, 뜻밖의 행운을 기대한다. 자신도 그런 상황에서 벗어나기를 진심으로 원하기 때문이다.

그런 사람이 원치 않는 상황과 마주하기란 절대 쉽지 않다. 맞서서 이길 자신이 없기 때문이다. 그러다 보니 그런 상황을 회피하기 일쑤고, 거기까지 이르게 한 자기 자신을 증오한다. 그것이 더욱 심해지면 다른 사람 탓을 한다. 즉, 상황을 있는 그대로 받아들이지 못하는 것이다. 또한, 그런 사람들은 스스로 품위를 지키고 자기를 존중하는 '자존감'이 매우 낮기에 무슨 일이건 다른 사람의 도움을 받아야만 한다. 문제는 그것이 잘못되었을 때다. 분명 자신의 잘못인데도 그것을 끝까지 인정하지 않고 온전히 다른 사람 탓으로만 돌린다.

삶은 이정표 없는 낯선 길을 걷는 여행과도 같다. 그러다 보니 처음부터 잘못된 길에 들어서기도 하며, 가끔은 생각지도 못한 곳에서 길을 잃고 방황하기도 한다. 많은 사람이 그때마다 페이스를 잃고 흔들리거나 방황한다. 중요한 것은 그것이 오래가서는 절대 안 된다는 것이다. 그렇게 되면 자신이 원하는 삶을 살 수 없기 때문이다.

자기 삶의 기적을 경험한 사람들은 어떤 길에서도 걸음을 절대 멈추지 않는다. 그들은 자신이 원하는 것 대부분은 자신이 가기를 두려워하고 망설이는 곳에 있다는 사실을 잘 알고 있다. 그 때문에 어떤 길도 즐거운 도전이 된다.

어떤 길과 마주하더라도 발걸음을 멈춰서는 절대 안 된다. 삶은 수없이 넘어지고 다시 일어서는 일의 반복이라는 마음을 가질 때, 두렵고 포기하고 싶은 일을 아무렇지 않게 기꺼이 해낼 때 비로소 달라진다.

"몇십 년을 돌아 돌아 길을 찾았구나. 인생이란 이런 것이구나. 일찍 피는 꽃도 있지만, 늦가을에 피는 꽃도 있구나."

혼을 담아 노래하는 소리꾼, 장사익의 말이다. 그는 상고 졸업 후 보험 회사를 시작으로 25년 동안 무려 열다섯 곳이 넘는 직장을 전전했다. 하지만 어떤 일을 해도 전혀 행복하지 않았다고 한다. 하나같이 가슴 뛰는 일이 아니었기 때문이다.

마흔셋 되던 해, 그는 큰 결심을 한다. 딱 3년만 하고 싶은 일에 도전해보고 안 되면 다시 직장 생활에 전념하기로 한 것이다. 그렇게 해서 그는 하고 싶은 일에 도전했고, 늦가을 꽃처럼 활짝 피어났다.

먼 길을 돌아가는 사람일수록 자신이 무엇을 원하는지 제대로 알 뿐만 아니라 그것을 하고자 하는 열정이 가득하다. 장사익 역시 마찬가지였다. 그는 자신의 경험을 빌어 이렇게 말한다.

"늦더라도 나 자신을 위해서 살아야 해요. 실패하더라도 하고 싶은 일을 하고 가는 게 멋진 인생이잖아요."

너무 앞만 보고 최단 거리로만 가려고 해서는 안 된다. 때로는 돌아가는 길이 더 빠를 수도 있다. 온 힘을 다해서 겨우 목적지에 도착했지만, 그곳이 자신이 원하는 목적지가 아닌 경우도 적지 않기 때문이다. 그렇게 되면 처음부터 다시 시작해야 하는 만큼 더 많은 시간과 노력이 필요하다.

독일의 바이올린 제작 장인 마틴 슐레스케Martin Schleske는 《가문비나무의 노래KlangBilder》에서 이렇게 말한 바 있다.

"바이올린의 생명은 울림이다. 바이올린 제작에 쓸 만한 가문비나무는 일 만 그루 중 한 그루가 될까 말까다. 풍요로운 땅에서 나는 나무에는 울림이 적다. 고도·방위·풍향·기후·토질 등이 척박한 곳에서 울림 있는 나무들이 자란다. 역경을 견디면서 나무는 저항력을 기르고, 세포는 진동하는 법을 익힌다. 바이올린의 아름다운 울림은 공명을 다루는 데서 생겨난다. 공명은 본디 현이 균일하게 진동하는 것을 막는 위험 요소다. 공명이 없다면 바이올린을 더 쉽게 다룰 수 있겠지만, 그때 울림은 생명을 잃는다. 좋은 울림에는 언제나 대립적인 특성이 함께 들어 있다."

그에 의하면, 척박한 곳에서 비바람을 이기고 단단하게 자란 가문비나무일수록 맑고 좋은 소리를 낸다고 한다.

사람 역시 마찬가지다. 직선의 삶을 산 사람보다는 곡선의 삶을 산 사람이 더 많은 울림과 감동을 준다. 하지만 아직도 많은 사람이 곡선이 아닌 직선의 삶을 산다. 곡선의 미학을 말했다가는 우유부단하고 결단력 없는 사람 취급받기에 십상이다. 뭐든지 '빨리빨리' 해야만 인정받는다. 자판기에서 음료가 채 나오기도 전에 손을 넣고 기다리며, 엘리베이터를 타기가 무섭게 닫힘 버튼을 마구 누른다. 그 때문에 엘리베이터의 닫힘 버튼은 열림 버튼과는 달리 항상 색이 바래 있다.

KTX를 타고 갈 때보다 무궁화호나 고속버스를 타고 갈 때 바깥 풍경을 더 많이 더 잘 볼 수 있다. 방향이 정해졌다면 시간은 아무런 문제가 되지 않는다. 따라서 시시각각 우리의 삶을 옥죄는 속도라는 망령에서 하루빨리 벗어나야만 한다.

직선으로 대표되는 '빨리빨리'는 봐야 할 것을 볼 수 없게 할뿐더러 허탈함에 빠지게 한다. 실례로, 세계 최초로 히말라야 8,000m 이상 봉우리 16좌 등정에 성공한 산악인 엄홍길 씨는 "정상에 서면 기쁨은 잠깐이고, 곧 허탈감에 빠진다"라고 말한 바 있다. 더는 오를 곳이 없기에 살아갈 이유가 사라져 버린 것 같다는 것이다.

이렇듯 더는 이룰 목표가 없다고 생각하는 순간, 심리적으로 허무해지는 현상을 상승 정지 증후군Rising Stop Syndrom이라고 한다. 문제는 '빨리빨리'에 집착하는 사람일수록 상승 정지 증후군을 겪을 가능성이 크다는 점이다.

곡선은 목적지까지 가는 데 시간은 더 걸리지만, 길에 있는 작은 돌 하나, 길섶에 있는 풀 한 포기까지 볼 수 있다. 그만큼 여유 있고, 풍요로운 삶을 즐길 수 있다.

삶은 직선이 아니라 곡선이다. 따라서 목적지에 이르는 길이 너무 멀고 복잡하다고 해서, 자신이 너무 늦된다고 해서 걱정할 필요는 전혀 없다. 시간은 아무런 문제가 되지 않는다. 막히면 돌아가면 된다. 돌아갈수록 원하는 나와 만날 수 있고, 내면은 더욱더 단단해진다.

올곧게 뻗은 나무들보다는
휘어 자란 소나무가 더 멋있습니다
똑바로 흘러가는 물줄기보다는
휘청 굽이친 강줄기가 더 정답습니다
일직선으로 뚫린 빠른 길보다는
산 따라 물 따라가는 길이 더 아름답습니다.

___박노해, 〈굽이 돌아가는 길〉 중에서

▶▶▶ 우리는 직선이 아름답다며 감탄하지 않는다. 그것은 얼핏 보기에만 좋을 뿐 밋밋하기 그지없기 때문이다. 또한, 직선은 날카롭기만 할 뿐 여유가 없다. 오직 질주와 경쟁만 있을 뿐이다. 하지만 곡선은 다르다. 부드럽고 여유 있을 뿐만 아니라 역경과 시련을 이기는 강한 힘이 있다. 우리가 위인들의 삶을 존경하는 이유 역시 바로 그 때문이다.

인생은 크고 작은
오르내림의 연속

고난과 시련을 새로운 기회로 삼아라. 많이 넘어질수록 쉽게 일어선다.
넘어지지 않는 방법만 배운 사람은 일어서는 법을 모른다.

_ 마쓰시타 고노스케

날개를 심하게 다친 젊은 독수리 한 마리가 절벽 위에서 아래를 내려다보며 깊은 시름에 잠겼다. 몇 번이나 하늘 높이 다시 날아 보려고 했지만, 날개를 펴는 것조차 불가능했기 때문이다.

'독수리가 날 수 없다는 것은 살 가치가 없다는 거야.'

이윽고 젊은 독수리는 스스로 목숨을 끊으려고 몸을 잔뜩 웅크린 채 절벽 아래를 향해 움직였다. 그 순간, 그 모습을 본 대장 독수리가 재빠르게 날아왔다.

"왜 어리석은 일을 하려고 하느냐?"

"우리는 하늘 높이 나는 새의 왕입니다. 그런데 날개를 다쳐서 더는 날 수 없게 되었습니다. 이렇게 살 바에는 차라리 죽는 게 낫습니다."

그 말을 들은 대장 독수리가 그를 향해 갑자기 날개를 활짝 폈다. 그러자 날개 아래 숨겨져 있던 많은 상처와 오래된 흉터가 눈에 들어왔다.

"나를 봐라. 보다시피, 내 온몸은 온통 상처투성이다. 여기는 사람들의 총에 맞은 상처, 여기는 다른 독수리에게 습격받은 상처, 또 여기는 나뭇가지에 찢긴 상처….."

대장 독수리의 말에 젊은 독수리는 고개를 숙일 수밖에 없었다. 상처 하나 때문에 삶을 저버리려고 했던 자신의 모습이 너무 부끄러웠기 때문이다.

그 모습을 본 대장 독수리는 다시 이렇게 말했다.

"이것은 단지 몸에 새겨진 상처일 뿐이다. 내 마음에는 훨씬 많은 상처 자국이 새겨져 있으니까. 그런 상처에도 나는 다시 일어서지 않으면 안 되었다. 명심해라, 상처 없는 독수리란 이 세상에 태어나지 않은 독수리뿐이란 걸."

___**박성철, 《희망의 지혜를 주는 이야기》 중에서**

고난과 시련을 대하는 사람들의 태도는 크게 둘로 나뉜다. 그대로 멈춰버리는 사람과 대수롭지 않게 그것을 이겨내고 다시 달리는 사람. 중요한 것은 그 선택에는 누구도 간여할 수 없다는 것이다. 자신의 삶을 만들어가는 것은 오직 자기 자신뿐이기 때문이다.

20세기 최고 여성 화가 중 한 명으로 꼽히는 프리다 칼로^{Frida Kahlo}는 어린 시절 소아마비로 인해 왼쪽 다리를 평생 절어야만 했을 뿐만 아니라 타고 있던 버스가 전차와 충돌하는 바람에 하반신마비라는 극악의 고통을 겪어야만 했다. 그뿐만이 아니었다. 선천성 자궁 기형으로 인해 아이를 갖는 것이 불가능했으며, 남편 디에고 리베라^{Diego Rivera}가 여동생과 불륜에 빠져 그와 헤어지는 아픔을 겪기도 했다. 숨만 붙어 있을 뿐 죽은 것이나 마찬가지인 불행한 삶의 연속이었다. 그 시절 그녀의 유일한 희망이자, 삶을 지탱하는 힘은 그림이었다. 그림 그리는 일이야말로 지옥과도 같은 삶을 견디게 하는 유일한 탈출구였기 때문이다. 이를 두고 어떤 이들은 이렇게 말하기도 한다. "만일 그녀에게 그림마저 없었다면 그와 같은 삶을 도저히 버틸 수 없었을 것"이라고. 틀린 말은 아니지만, 그렇다고 해서 100% 옳은 말도 아니다. 그녀를 살게 한 것은 그림이 아니라 과거에 얽매이지 않고 더 나은 삶을 살고자 했던 그녀의 뜨거운 갈망이었기 때문이다. 만일 그녀가 과거의 상처에 발목 잡힌 나머지 앞으로 나아가지 못했다면 우리가 아는 그녀는 없을지도 모른다.

어떻게 하면 우리 역시 그녀처럼 고통과 시련에서 벗어나 미래를 향해 나아갈 수 있을까. 팔과 다리 없이 태어났지만 전 세계를 누비며 희망을 전파하는 닉 부이치치Nick Vujicic는 그에 대해서 이렇게 말한다.

"실패를 두려워하지 마라! 실패가 두려워서 다시 시도하지 않으면 삶역시 거기서 멈추고 만다."

1,009번의 도전 끝에 성공한 〈KFC〉 창업자 커넬 할랜드 샌더스Colonel Harland Sanders, 27번의 공식적인 실패 끝에 대통령에 당선된 에이브러햄 링컨Abraham Lincoln, 가난한 이혼녀에서 세계적인 베스트셀러 작가가 된 조앤 K. 롤링Joan K. Rowling 등의 삶이 그것을 여실히 증명하고 있다. 그들은 수많은 고난과 시련이라는 인생의 절벽에서도 포기와 절망 대신 새로운 도전을 꿈꾸었다. 나아가 피눈물을 흘리면서도 자기 자신을 믿고, 자신과의 약속을 군건히 실천하였다.

흔들리지 않고 피는 꽃은 없다. 도종환 시인이 얘기했듯이, 이 세상 그어떤 아름다운 꽃도 몇 번은 흔들리면서 피어난다. 우리 삶 역시 마찬가지다. 누구나 살면서 몇 번쯤 넘어지면서 상처 입고, 다시 일어서기를 반복한 뒤라야 온전히 아름답게 삶을 꽃피울 수 있다.

▶▶▶ 삶의 위대함은 우리가 다른 사람보다 앞서 나가는 데 있지 않다. 그것은 우리가 과거의 우리를 극복하고 그보다 앞서 나가는 데 있다.

새로운 도전 없이 인생은 절대 바뀌지 않는다. 다시 일어설 수만 있다면 몇 번쯤 넘어져도 괜찮다. 실패는 끝이 아니라 새로운 시작이 되어야 한다. 그래야만 오프라 윈프리Oprah Winfrey의 말처럼 삶의 상처를 지혜로 바꿀 수 있다.

만약 지금의 내가
'과거의 나'를 만난다면

삶은 소유물이 아니라 순간순간의 있음이다.
영원한 것이 어디 있는가. 모두가 한때일 뿐이다.
그러나 그 한때를 최선을 다해 최대한으로 살 수 있어야 한다.

_ 법정 스님

'만약'이라는 말에는 '혹시 있을지도 모르는 뜻밖의 가능성'이 담겨 있다. 그 때문에 창의적인 일을 하는 사람들은 '만약'이라는 말을 항상 붙들고 산다. 거기서 새로운 발견을 해서 지금까지 없던 뭔가를 만들 수 있기 때문이다.

만약 우리 인생에 '만약'이라는 말을 대입해서 '과거의 나'와 만날 수 있다면 가장 먼저 어떤 말을 하고 싶은가. 자신이 지금 처한 상황에 따라서 다를 것이다. 예컨대, 지금의 삶이 만족스럽지 않은 사람은 자신을 좀 더 분발하게 하고 다그칠 것이며, 그렇지 않은 사람은 자신을 위로하고 응원할 것이다. 또한, 수많은 경험을 통해 얻은 지혜를 과거의 나에게 들려주며 미래의 고민을 해결해줄 수도 있다.

나 역시 지금의 삶이 그리 만족스럽지는 않다. 하지만 지금의 나를 있게 한 것도 나의 선택과 노력의 결과였기에 과거의 나를 다그치고 몰아

붙이기보다는 따뜻하게 위로하고 응원하고 싶다. 그리고 이 말을 꼭 전하고 싶다.

"고생이 많아. 네 덕분에 지금의 내가 있어. 고마워, 조금만 더 힘내."

혜민 스님 역시 만약 십 대와 스무 살, 삼십 살의 자신에게 돌아간다면 다음과 같은 얘기를 해주고 싶다고 했다.

- 십 대로 돌아가 나에게 해주고 싶은 말 : "지금 죽을 것같이 힘들고 중요한 일도 나중에 돌아보면 삶의 아주 작은 부분에 불과해. 친구들이 나에 대해 무슨 이야기를 했는지는 그리 중요하지 않아. 그리고 지금 생각하는 길 외에도 삶에는 수많은 길이 있으니 좀 실패해도 괜찮아. 생각보다 인생은 길어. 힘내."

- 스무 살 나에게 돌아가 해주고 싶은 말 : "좀 더 힘을 빼고, 좀 더 솔직해져 봐. 좀 덜 비교하고, 좀 더 여유를 가져봐. 생각을 많이 한다고 생각대로 인생이 돌아가진 않아. 앞날을 두려워 말고 지금 너의 열정을 즐기다 보면 생각지도 못한 인연들이 생길 거야."

- 서른 살 나에게 돌아가 해주고 싶은 말: 작은 성공이나 편안함에 안주하지 마. 타인에게서 배울 점을 찾아봐. 사람을 볼 땐 학벌, 집안, 스펙 같은 외형보다는 그 사람의 성장 과정, 성격, 유머감, 끈기 같은 걸 봐. 자연과 책을 가까이하고 운동도 꾸준히 하고."

__혜민 스님, 《고요할수록 밝아지는 것들》 중에서

세상에 완벽한 사람은 없다. 하지만 불행한 사람은 수없이 많다. 그들은 끊임없이 자신을 질책하고 다그치며 몰아붙인다. 더 좋은 삶, 더 좋은 결과를 만들려는 욕심 때문이다. 하지만 그것만큼 어리석은 일도 없다. 더 많이 고민하고, 더 많이 노력하면 더 좋은 결과를 얻을 것이라는 생각은 착각에 불과하기 때문이다. 만일 그것이 진실이라면 우리가 사는 세상은 지금과는 크게 달라져야 한다. 예컨대, 공부를 가장 오래 한 사람이 가장 크게 성공해야 하고, 나이가 들수록 실패하는 사람보다는 성공하는 사람이 훨씬 많아져야 한다. 하지만 세상은 전혀 그렇지 않다. 이는 더 많은 시간을 들인다고 해서 반드시 더 좋은 결과를 얻는 것은 아님을 말해준다.

영국 최고의 심리치료사로 30여 년 동안 다양한 이력과 배경을 가진 사람들을 상담해온 마리사 피어Marisa Peer는 《나는 오늘도 나를 응원한다 Ultimate Confidence》에서 이렇게 말한 바 있다.

"당신은 '특별한' 사람은 아니지만, '세상에서 유일한' 사람, '아무도 대신할 수 없는 독특한' 사람이다. 자신이 특별하다고 생각하는 사람은 주변으로부터 고립되어 외로움을 느끼기 쉽지만, 자신을 '아무도 대신할 수 없는 독특한 존재'로 여기는 사람은 다르다."

내가 없는 삶, 내가 주인이 되지 못하는 삶은 아무런 의미가 없다. 모두 그 사실을 잘 안다. 그러면서도 도전하는 삶이 아닌 무미건조하고 흉내 내는 삶을 사는 이유는 그만큼 쉽고 편하기 때문이다. 이제 그런 삶은 멈춰야 한다. 만약 '미래의 내가' 지금의 나를 만난다면 이렇게 얘기할 수도 있기 때문이다.

"지금 뭐 하는 거야. 너 때문에 내 삶이 엉망이 되었잖아. 정신 차리란 말이야."

대부분 사람이 지금보다 더 발전한 미래의 나와 만나기를 간절히 원한다. 하지만 마음뿐, 자신을 향상하려는 노력은 제대로 하지 않는다. 그러다 보니 더는 성장하지 못한 채 그 주변만 맴돈다.

지금의 내가 과거의 나를 위로하고 응원하듯 미래의 나 역시 지금의 나를 위로하고 응원하려면 지금의 삶에 충실해야 한다. 그래야만 '너 때문에'라는 질책이 아닌 '네 덕분에'라는 감사의 말을 들을 수 있다.

▶▶▶ 지금의 현실이 불만족스러워서 혹은 다른 사람들과 비교하면서 자존심이 상해서 스스로 다그치고 몰아 붙여봐야 바뀌는 건 아무것도 없다. 그럴수록 자신만 더 비참해질 뿐이다. 따라서 자신을 질책하고 다그치기보다는 따뜻하게 위로하고 응원해야 한다. 그래야만 자신감이 생기고 동기부여 되어서 새로운 나와 만날 수 있다.

일 년 전의 나와
일 년 후의 나는 달라야 한다

인생은 흘러가는 것이 아니라 채워지는 것이다.
즉, 하루하루를 보내는 것이 아니라 내가 가진 무엇으로 채워가는 것이다.

＿ **존 러스킨**

질문 하나. 당신은 일 년 전과 얼마나 다른 삶을 살고 있는가? 혹시 똑같은 삶을 무의식적으로 반복하며 사는 것은 아닌가?

반복은 지루함을 낳고, 지루함은 삶을 지치게 한다. 나아가 똑같은 삶의 패턴을 반복하면 애초에 기대했던 효과 역시 볼 수 없다. 무슨 일이건 반복할수록 효과가 떨어지기 때문이다. 문제는 많은 사람이 반복할수록 효과가 커진다고 착각한다는 것이다.

〈구글Google〉을 비롯해 〈보잉Boeing〉, 〈골드만삭스Goldman Sachs〉 등 120여 개의 기업 CEO와 임원들을 대상으로 컨설팅하며, 경영학계의 노벨상이라고 불리는 '싱커스50Thinkers 50'이 뽑은 세계에서 가장 영향력 있는 리더십 사상가인 마셜 골드 스미스Marshall Goldsmith 박사는 이를 '성공 망상'이라고 부른다.

"대부분 사람, 그중에서도 특히 성공한 사람들은 과거에 그들을 성공하게 했던 특별한 행동이 있다. 그런데 여기에는 문제가 있다. 그들은 미래에도 그와 똑같은 방식으로 성공할 수 있을 것으로 굳게 믿는다는 것이다."

생각건대, 우리 역시 성공 망상에서 벗어나지 못하고 있다. 어제와 같은 오늘을 살고, 오늘과 같은 내일을 살며 삶의 권태를 느끼는 것이 그 방증이다.

사실 성공 경험이 없는 사람들도 꽤 많다. 그들은 다른 사람들의 성공 경험을 빌어 망상에 빠진다. 즉, 그들과 똑같이 하면 자신도 성공할 수 있을 것으로 착각하는 것이다.

다른 사람의 삶을 흉내 내거나 무작정 좇아서는 안 된다. 그것은 그 사람의 속도에 맞춰진 삶의 방식일 뿐이다. 그럴 바에는 차라리 낯선 일에 새롭게 도전해서 실패하는 것이 낫다. 실패는 절대 부끄러운 일이 아니기 때문이다. 실패 역시 꿈의 일부이며, 성공으로 가는 과정이다. 그런 점에서 실패는 더 나은 삶을 만드는 중요한 데이터라고 할 수 있다.

《해리포터Harry Potter》 시리즈의 작가 조앤 K. 롤링은 하버드대학 졸업식에서 이렇게 말한 바 있다.

"세상을 바꾸는 데 마법은 필요하지 않습니다. 그 힘은 우리 내면에 이미 존재합니다. 제가 젊었을 때 가장 두려웠던 것은 가난이 아니라 실패였습니다. 하지만 저는 대학 졸업 후 무려 7년 동안 수많은 실패를 겪어야 했습니다. 행복한 결혼생활을 누리지 못했고, 실업자가 되었으며, 지독한 가난까지 겪었습니다. 누가 봐도 저는 실패한 사람이었습니다. 하지만 그 실패가 오히려 제 삶에서 불필요한 것들을 없애주었고, 제가 가진 에너지를 가장 중요한 일에 쏟게 하는 계기가 되었습니다. 가장 밑바닥에 닿았던 경험이 인생을 새로 사는 단단한 기반이 되어준 것입니다. … 실패를 피해갈 수 있는 사람은 아무도 없습니다. 그 귀중한 경험을 피하려고 하지 마세요."

그녀의 말마따나 실패는 끝이 아닌 새로운 시작이다. 그 때문에 실패를 두려워할 이유는 전혀 없다. 한 번도 넘어져 본 적이 없는 사람은 위험을 감수해 본 적이 없는 사람일 뿐이다.

우리가 살면서 목표로 삼아야 할 것은 두 가지다. 원하는 것을 이루는 것과 그것을 즐기는 것이 바로 그것이다. 그런 점에서 우리는 지금 삶의 중요한 교차로에 서 있다고 할 수 있다.

> 우리는 지금 삶의 교차로에 서 있네
> 우리 삶이 종착역에 다다랐다고 생각하며
> 그러나 아직 삶은 끝나지 않았네
> 신은 우리를 위해 더 큰 그림을 준비하셨으니
> 지금 우리는 잠시 삶의 모퉁이를 돌고 있을 뿐.
>
> 신이 우리에게 주신 길은 끝없이 이어지는 부드러운 길
> 그 길에서는 노래를 잠시 쉬어도 좋으리
> 노래하지 않고 가는 그 길은
> 어쩌면 인생의 가장 달콤하고 풍요로운 구간일지도
> 그러니 느긋하게 휴식을 취하고
> 그럼으로써 더 강해지리라

길을 떠나라, 무거운 짐은 신이 함께 진다

당신의 일과 삶은 아직 끝나지 않았다

이제 겨우 모퉁이를 돌고 있을 뿐.

___**헬렌 슈타이너 라이스**, 〈**인생의 코너길**〉

마음속 한 편에 자라는 미래에 대한 열망에 고개 돌려선 안 된다. 밥벌이 외에 뭔가를 더 하고 싶은 욕구는 정신적으로 성숙한 사람이라면 누구나 갖는 당연한 심리다. 그러니 굳이 그것을 거부할 필요는 없다. 문제는 그것을 채울 만큼 노력하지 않으면 뭔가를 시작하고 싶은 초조한 마음이 무시로 생겨 마음의 평안을 깨뜨릴 수 있다는 것이다. 그렇게 되면 우리 삶 역시 갉아먹을 위험성이 크다.

꿈을 꾸는 사람만이 그것을 이룰 수 있다. 꿈은 포기하는 것이 아니라 키워나가는 것이기 때문이다.

미국의 출판사 《New World Library》 창업자인 마크 앨런Marc Allen은 한때 커피값 1달러조차 없었던 가난한 실업자였다. 하지만 지금은 《New World Library》를 세계 최고 출판사 반열에 올려놓은 것은 물론 해마다 1,500만 달러 이상의 수익을 올리는 백만장자가 되었다. 그 비결은 '5년 후 되고 싶은 모습 상상하기' 게임이었다.

- 5년 후 나는 무엇을 하고 있을까?
- 5년 후 나는 어떤 사람이 되었을까?
- 5년 후 나는 무엇을 갖고 있을까?

그는 매일 아침 '5년 후 성공한 자신'을 떠올리며, 그것을 현실로 만들기 위해 노력했다. 미친 듯이 글을 썼고, 미친 듯이 일했으며, 성공하기 위해 미친 듯이 뛰어다녔다. 그러자 몇 년 후 정말 마법 같은 일이 일어났다. 처음 출간한 책이 전 세계 30개국에서 출판되는 큰 성공을 거둔 것이다.

중요한 건 말이 아닌 행동이다. 먼저 마음을 움직이고, 생각을 채운 후 그것을 행동으로 보여줘야 한다. 그래야만 원하는 나로 새롭게 거듭날 수 있다.

뭔가를 결심했다면 과감하게 밀어붙여야 한다. 행동하지 않으면 아무 소용없다. 예컨대, 우리 주변에는 삶의 방향을 잃고 헤매는 고학력 낙오자와 꿈이 없이 사는 사람이 여기저기 널려 있다. 그들의 공통점은 생각만 할 뿐 행동하지 않는다는 것이다. 행동으로 이어지지 않는 생각은 머릿속의 그림일 뿐이다.

뭘, 어떻게 시작해야 할지 모르겠다면 가장 쉬운 것부터 시작하면 된다. 가장 좋은 것은 주저하는 마음의 한계를 돌파하는 작은 성공을 경험하는 것이다.

미국의 격주간 종합 경제지 《포춘Fortune》이 선정한 변화를 선도하는 500명의 리더 중 한 사람이자 100명의 최고 행동 변화 사상가 중 한 명인 제이슨 워맥Jason Womack은 《의욕의 기술Get Momentum: How to Start When You're Stuck》에서 이렇게 말했다.

"누구나 마음속에는 타성에 안주하고 싶은 고장 난 스프링이 있다. 이 스프링은 처음에는 탄력이 매우 강해서 조그만 자극에도 쉽게 튀어 오르지만, 조금만 시간이 지나면 곧 탄력을 잃는다. 잘하고 싶은데 마음대로 안 될 때, 일이 도무지 풀리지 않을 때 우리 마음속의 고장 난 스프링을 작동하면 진정 원하는 내가 되기 위한 변화를 시작할 수 있다."

▶▶▶ 일 년 전의 나와 일 년 후의 나는 달라야 한다. 매년 똑같은 방식으로 일하고, 똑같은 패턴을 반복하며 살아서는 안 된다. 똑같은 것을 되풀이한다는 것은 삶이 정체되고 있다는 방증이기 때문이다. 그것은 삶의 지루함과 권태만 낳을 뿐 성장하게 할 수 없다.

꿈을 좇되,
마지노선을 정해야 한다

인생은 숨을 쉰 횟수가 아니라
숨 막힐 정도로 벅찬 순간을 얼마나 많이 가졌는가로 평가된다.

_ 마야 안젤루

1984년 〈미국의 원시^{American Primitive}〉로 퓰리처상을 받은 미국 최고의 시인 메리 올리버^{Mary Oliver}는 이렇게 묻는다.

"당신은 단지 조금 숨 쉬는 것을 삶이라고 부르는가?"

그저 숨 쉬며 사는 것만으로는 제대로 된 삶이라고 할 수 없다는 것이다.《뉴욕 타임스》가 '단연코 미국 최고의 베스트셀러 시인'이라고 인정한 그녀는 월트 휘트먼^{Walt Whitman}과 헨리 데이비드 소로의 영향을 받았으며, 내면의 독백, 고독과 친밀하게 지냈다는 점에서 에밀리 디킨슨^{Emily Dickinson}과 비교되기도 한다. 그만큼 자신을 둘러싼 삶의 문제에 항상 진지하게 임했고, 단 한 번뿐인 삶을 행복하고 가슴 뛰게 살아야 한다고 했다.

가슴 뛰는 삶을 살아야 한다. 그러자면 '내가 누구인지', '무슨 일을 할 때 가장 행복한지'를 알아야 한다. 행복한 삶을 살려면 그것만큼 중요한 일은 없기 때문이다. 그것을 모르면 올바른 인생 계획을 세울 수 없을 뿐만 아니라 자신이 원하는 삶 역시 살 수 없다. 중요한 것은 누구도 그것을 가르쳐주지 않는다는 것이다. 스스로 찾아야 한다.

많은 사람이 애써 그것을 무시한 채 삶의 전선에 뛰어들곤 한다. 그러다 보니 대부분 얼마 가지 못해서 지치고 헤매기 일쑤다. 운이 좋으면 성공할 수도 있지만, 거기서 얻는 기쁨은 그다지 크지도 않을뿐더러 얼마 가지 못하는 경우가 많다.

행복하려면 돈에 집착하기보다는 꿈과 관련된 일에 전념해야 한다. 특히 젊을수록 더욱더 그래야만 한다. 아직 무한한 가능성이 있기 때문이다. 예컨대, 역사 연구가나 역사학과 교수가 꿈이라면 박물관이나 역사 연구소, 고전 연구소 등에서 아르바이트를 해보는 것이 좋다. 역사 관련 지식을 쌓을 수 있고, 그와 관련된 사람을 많이 만나서 다양한 이야기를 들을 수 있기 때문이다. 그렇게 되면 꿈에 대한 몰입력을 더욱더 키울 수 있을 뿐만 아니라 자신감 역시 더 커지게 된다.

많은 사람이 꿈이 이끄는 삶이 아닌 돈에 끌려가는 삶을 산다. 그러다 보니 꿈과 전혀 상관없는 전공을 선택하거나, 아무런 도움도 되지 않는 경험을 하면서 시간과 힘을 낭비한다. 돈이 꿈을 좌우하는 시대이기에 어쩔 수 없는 선택이기는 하다. 하지만 인생을 길게 보고, 무엇이 자신에게 도움이 되는지 현명하게 판단해야 한다. 그런 점에서 힘든 생활 속에서도 묵묵히 꿈을 좇는 사람들의 이야기는 많은 것을 깨닫게 한다. 특히 그들이 수많은 고난과 좌절을 딛고 성공이라도 하면 마치 내 일이라도 되는 것처럼 마음이 뭉클하고 흐뭇하다. 그들이 노력의 대가를 얻는 데서 대리만족을 얻기 때문이다. 나아가 세상이 제대로 돌아가고 있다는 생각에 자신 역시 오랫동안 잊고 있었던 꿈을 되돌아보게 된다.

"이제 와 새삼 이 나이에 청춘의 미련이야 있겠느냐마는~ 왠지 한 곳이 비어있는 내 가슴에 다시 못 올 것에 대하여…"

가수 최백호 씨의 〈낭만에 대하여〉라는 노래 가사의 일부다. 나는 이 노래를 대학교에 다닐 때부터 즐겨 불렀다. 나이에 맞지 않게 노래 가사가 무작정 좋았기 때문이다.

1977년 돌아가신 어머니를 생각하며 부른 노래 〈내 마음 갈 곳을 잃어〉로 가요계에 데뷔한 그는 그야말로 승승장구했다. 내놓는 노래마다 히트하면서 최고의 남자가수 반열에 들어섰다. 그런데 순탄할 줄만 알았던 그의 가수 인생에도 슬럼프가 찾아왔다. 갈수록 그를 찾는 사람이 줄더니, 곧 경제적인 어려움에 부딪혔다. 참다못해 미국 이민을 떠나기도 했다. 그 기간이 무려 15년이었다. 그런 그를 다시 일으켜 세워 준 노래가 바로 〈낭만에 대하여〉였다.

사실 〈낭만에 대하여〉 역시 처음부터 크게 히트한 것은 아니다. 앨범을 낸 후 일 년 반 동안 거의 묻혀 있다시피 했다. 그러다가 모 TV 드라마에서 탤런트가 자기 삶을 회상하면서 이 노래를 불러 비로소 알려졌다. 그때가 1996년이니 벌써 13년 전 일이다.

그렇게 해서 재기에 성공한 그는 가요계의 어른 대접을 받기 시작한 것은 물론 생전 처음 라디오 DJ도 하고, 아이유나 린, 헨리 등의 후배들과도 계속해서 작업하면서 원래의 꿈이었던 화가로도 활동하고 있다.

TV 드라마 〈미생〉에 박 대리로 출연해서 많은 직장인의 공감을 얻었던 영화배우 최귀화 씨 역시 밑바닥 생활을 오랫동안 겪었다. 특히 그는 연기 전공이 아닌 데다가 사투리를 쓴다는 이유로 무시당하는 일도 많았다. 하지만 그것이 그의 꿈에 대한 열정을 꺾지는 못했다. 언제부터인가 연극무대를 바탕으로 탄탄한 실력을 다진 그를 사람들이 알아보기 시작했고, 지금은 그가 출연하는 영화는 무조건 대박이 난다는 성공 공식까지 만들어졌다.

중요한 것은 모두가 최백호 씨나 최귀화 씨가 될 수는 없다. 두 사람이야 일이 잘 풀려서 노력이 결국 빛을 봤지만, 그렇지 않은 사람이 훨씬 많기 때문이다.

언제까지나 꿈만 좇을 수는 없다. 특히 가족의 생계를 책임져야 하는 사람이라면 잘 생각해봐야 한다. 잠재능력이 있다고 해서, 그만 접기에는 아쉽다고 해서 계속해서 거기에 매달리는 것은 무책임한 일일 수도 있기 때문이다.

《삼국지》에는 수많은 명장이 등장한다. 그중 조자룡趙子龍은 용맹의 대명사로 이름 높다. 그가 유비의 아들, 유선劉禪을 구하기 위해 조조曹操의 백만대군과 혈혈단신으로 맞서 싸운 일은 지금도 많은 사람의 입에 오르내린다. 거기서 '조자룡 헌 창 쓰듯' 같은 속담이 만들어지기도 했다.

조조와의 전투에서 조자룡은 '후퇴의 공격'이라는 다소 독특한 공격 방식을 취했다. 이 전술의 특징은 후퇴하면서도 공격을 절대 멈추지 않는 데 있었다. 이른바 전진을 위한 일 보 후퇴인 셈이다.

'일신시담一身是膽'이라는 고사성어 역시 거기서 비롯되었다. '온몸이 쓸개로 이뤄져 있다'라는 뜻으로, 두려움을 모르는 강하고 담대한 사람을 말한다.

후퇴하는 사람은 자신이 졌다는 심리적 좌절감에 빠지기 쉽다. 그리고 이 좌절감은 빠른 속도로 자신을 무너뜨린다. 하지만 조자룡의 예에서 봤다시피, 전진을 위한 후퇴도 있다. 그러니 잠시 물러섰다고 해서 크게 좌절할 일은 아니다.

'아포리아Aporia'라는 철학 용어가 있다. 그리스어 '길이 없는 것'에서 유래한 말로 통로나 수단이 없어 앞으로 나갈 수 없는 상태, 즉 난관에 부딪힌 상태로 다른 방법을 찾을 수 없는 상태를 말한다.

고대 그리스인들은 아포리아를 만나면 자신을 깊이 성찰하면서 문제의 해법을 찾았다고 한다. 또한, 노를 더 빨리 젓기보다는 잠깐 노를 내려놓은 후 다른 사람의 지혜를 배웠다. 일단, 한 걸음 물러나서 생각한 것이다.

바둑 격언에 '반외팔목盤外八目'이라는 말이 있다. '바둑을 직접 두는 사람보다 옆에서 구경하는 사람이 여덟 집 이상 유리하다'라는 뜻이다. 욕심과 집착 등으로 인해 눈앞에 있는 이익을 제대로 보지 못하는 것을 비유하는 말이다.

바둑 하는 사람들은 실제로 이런 경험을 자주 한다고 한다. 즉, 전체 판세를 읽지 못하고 작은 것에 집착해서 판을 그르치거나 악수를 두는 것이다.

우리 삶 역시 마찬가지다. 현재 상황에 집착하지 말고 항상 여유를 가지고 한 걸음 물러나서 전체 판세를 살펴야 한다. 특히 위기에 처했을수록, 막다른 골목에 몰렸을수록 더욱더 그래야만 한다. 그래야만 삶을 두루 살필 수 있고, 위기에 올바로 대처할 수 있다.

▶▶▶ 때로는 하던 일에서 한발 물러서서 보면 뭐가 잘못되었는지, 어떻게 하면 더 잘할 수 있는지 알 수 있다. 또한, '반드시 이루고 싶은' 열정이 더 충만해질 수도 있다. 자기 일보다는 다른 사람의 일에서 실수를 잘 찾는 것도 바로 그 때문이다.

꿈의 마지노선을 정해야 한다. 즉, 꿈에서 과감히 물러나는 지점을 만들어야 한다. 그렇다고 해서 그것이 포기를 뜻하는 것은 아니다. 실현되지 않은 꿈의 자리를 잠시 비워두는 것일 뿐이다. 따라서 꿈에서 한발 물러서 있다고 해서 관심과 열정 역시 저버려서는 안 된다. 꾸준히 관심을 두고, 자신을 계속해서 업그레이드하며 권토중래捲土重來를 기약해야 한다.

나아가야 할 때,
멈춰야 할 때, 물러서야 할 때

때가 되지 않았는데 성급히 일을 추진하면 성사되기 어렵다.
또한, 시기가 무르익었는데도 머뭇거리고 늑장을 부리면 기회를 놓칠 수 있다.
불의 세기를 잘 조절해야 한다. 무조건 서두른다고 좋은 것도 아니고, 늦춘다고 해서 나쁜 것도 아니다.

__ 왕안석

《중용中庸》에 '시중지도時中之道'라는 말이 있다. '때에 맞는 도리'라는 뜻
으로 '때에 맞는 도를 실천하며 살아야 한다'라는 의미이다.

인생을 살면서 가장 어려운 일 중 하나가 그때그때 맞닥뜨리는 상황
에 맞는 올바른 결정을 하는 것이다. 그 때문에 옛 어른들은 "사람은 때
를 잘 알아야 한다"라고 가르치기도 했다. 때를 잘 알아야만 어느 한쪽으
로 치우치지 않는 중용의 삶을 살 수 있기 때문이다. 하지만 그러기가 쉽
지 않다. 무엇보다도 욕심이 그것을 가로막는다.

살면서 나아갈 때와 멈춰야 할 때, 물러서야 할 때를 아는 것만큼 중요
한 일도 없다. 나아가야 할 때 나아가지 못하고, 멈춰야 할 때 멈추지 못
해 큰 손해를 보는 경우가 적지 않기 때문이다. 심지어 물러서야 할 때
물러서지 못해 목숨을 잃는 일도 많다.

현명한 사람과 그렇지 못한 사람의 가장 큰 차이점의 하나는 인내심이

다. 현명한 사람일수록 위기에서 한발 물러서고 인내함으로써 훗날을 기약할 줄을 안다. 언제 나아가야만 자신에게 유리한지 잘 알기 때문이다.

위대한 제왕이 있으면 그 옆에는 그를 보필하는 뛰어난 참모가 반드시 있기 마련이다. 주 문왕과 무왕에게는 강태공姜太公으로 알려진 태공망여상呂尙이 바로 그런 사람이었다. 지금이야 강태공을 일러 훌륭한 참모의 모범으로 추켜세우지만, 사실 그는 일흔이 넘는 나이까지 특별히 하는 일 없이 위수라는 강에서 물고기나 낚으며 한가롭게 세월을 보내던 한량에 지나지 않았다. 오죽했으면 그의 부인이 그를 한심하게 생각한 나머지 스스로 떠났을 정도였다. 하지만 사람 보는 능력이 뛰어났던 주 문왕은 그를 단번에 알아봤고, 그는 문왕을 도와 주나라가 천하를 제패하는 데 크게 공헌했다.

일본 통일을 이루고 에도 막부 시대를 연 도쿠가와 이에야스德川家康 역시 도요토미 히데요시豊臣秀吉와의 승부에서 승리를 눈앞에 두고도 절대 먼저 칼을 뽑지 않았다. "두견새가 울지 않으면 울 때까지 기다린다"라며 참고 또 참으면서 자기 시대가 오기만을 기다렸다.

현명한 사람은 멈춰야 할 때 역시 잘 안다. 중국 춘추전국시대 사상가로 유교의 시조로 불리는 공자孔子는 스물네 살에 관직을 그만뒀다. 그것이 자신이 가야 할 길이 아니라고 생각했기 때문이다. 지금의 기준으로 보면 가정은 돌보지 않고 오로지 자신만 생각한 매우 무책임한 가장임이 틀림없다. 하지만 그렇게 해서 그는 학문에 통달할 수 있었을 뿐만 아니라 최고의 스승으로 거듭날 수 있었다.

나아가야 할 때와 멈춰야 할 때를 아는 것보다 더 어려운 것이 바로 물러서야 할 때를 잘 아는 것이다.

　노자老子의 《도덕경道德經》에 '공성신퇴功成身退'라는 말이 있다. '공을 이루고 나면 물러난다'라는 뜻이다.

　주역周易에도 비슷한 말이 있다. '항룡유회亢龍有悔.' '높이 오른 용은 후회한다'라는 뜻이다. 하늘 높이 오른 용은 운이 다한 용이다. 더는 높이 오를 수 없다. 그러니 그만 내려와야 한다.

　역사상 스스로 물러서야 할 때를 잘 알고 처신에 성공한 대표적 인물로 범려范蠡를 첫 손에 꼽는다. 그는 중국 춘추전국시대 말기 월나라의 정치가로 오나라를 멸망시킨 공신 중의 공신이었다. 하지만 그는 미련 없이 월나라를 즉시 떠났다. 그뿐만 아니라 함께 고생했던 동료 문종文種에게도 '새를 잡고 나면 활을 거둬들이고, 토끼를 다 잡으면 사냥개를 삶아 먹는다蜚鳥盡良弓藏 狡兔死走狗烹'라는 고사를 인용하며 월나라를 떠날 것을 권유했다. 하지만 문종은 그의 요청을 단번에 거절했다. 결국, 오나라를 떠나 제나라로 간 범려는 재상에 올라 난세의 정치가로 이름을 떨쳤지만, 월나라에 남은 문종은 역모를 꾀했다는 구천의 의심을 받아 자결해야 했다.

　진나라의 재상 이사李斯는 범려와 반대로 물러날 때를 놓쳐 후세에 교훈이 된 인물로 꼽힌다. 진나라 천하통일의 일등 공신인 이사가 승상에 오르자 그의 집에 선물을 가득 실은 수레가 수천 대나 몰려들었다. 이사는 자신의 지위가 너무 높아진 것을 보고 앞날을 걱정하면서도 권력의 끈을 절대 놓지 않았다. 결국, 그 역시 역모를 꾀했다는 혐의를 쓰고 참형 당했다.

　한고조 유방劉邦의 일급 참모였던 한신韓信과 장량張良의 선택 역시 매우 대조적이다. 두 사람 모두 유방을 도와 한나라를 창업한 일등 공신이었지만, 스스로 물러날 때를 안 장량은 병을 핑계로 장가계로 들어가 여생을 신선처럼 산 반면, 물러설 때를 애써 무시했던 한신은 불행한 최후를 맞았다.

그런가 하면 물러서야 할 때를 알고 제때 물러나서 큰 박수를 받는 사람도 있다.

2018년 9월 10일. 중국 최대 기업이자 세계적인 전자상거래 업체인 〈알리바바〉 창립 19주년이었던 이날, 〈알리바바〉 창립자인 마윈은 돌연 은퇴를 선언했다. 중국 시장 점유율 1위, 시가총액 4천억 달러 이상인 최고 기업의 리더가 갑자기 은퇴를 발표한 것이다. 더 놀라운 것은 그다음이다. 은퇴 발표와 함께 후계자를 지목했는데, 그가 지목한 후계자는 그의 아들도, 친척도 아니었다. 그는 11년 전 〈알리바바〉에 합류해 그를 도운 CEO 장융張勇을 자신의 후계자로 지목했다. 그러면서 이렇게 말했다.

"나는 그 어떤 사람도 회사와 102년 동안 함께 할 수 없다는 사실을 잘 압니다. 회사는 몇 명의 창시자에 의해서만 이루어질 수 없습니다."

평소 마윈은 한 개인의 역량만으로 회사를 지배하는 것은 위험하다는 말을 자주 했다. 개인의 역량에 의해 좌우되는 회사, 한 사람의 생각이 지배하는 조직은 언젠가는 무너진다는 것을 잘 알고 있었기 때문이다.

2019년 9월 10일. 자신의 55번째 생일이자 〈알리바바〉 창립 20주년이던 이날, 마윈은 약속대로 회장 자리에서 물러났다. 이를 가리켜 언론은 가장 아름다운 퇴장이라며 하나같이 입을 모았다.

《손자병법孫子兵法》을 보면 나아가고 물러서는 것에 대한 기준이 명확히 제시되어 있다.

'진불구명 퇴불피죄 유인시보進不求名 退不避罪 惟人是保'

'앞으로 나아가는 데 있어 명예를 구하지 말고, 후퇴를 결정하는 데 있어 죄를 피하려고 하지 말며, 오직 사람의 목숨을 지키는 것을 그 기준으로 삼아야 한다'라는 뜻이다. 즉, 모든 진퇴의 판단 기준은 오로지 사람 생명을 지키는 것을 기준으로 해야 한다는 것이다.

공자의 말씀을 기록한《논어論語》역시 나아감과 물러섬의 처신에 대해서 말하고 있다.

'천하유도즉현 무도즉은天下有道則見 無道則隱'

'천하에 도가 있으면 나아가서 능력을 발휘하고, 천하에 도가 없으면 조용히 물러나서 수신에 힘써야 한다.'

이렇듯 때를 아는 것은 쉬운 일이 절대 아니다. 물러설 때를 알려면 무엇보다도 겸손해야 한다. 겸손한 사람은 자신의 한계를 잘 알기에 자신이 할 수 있는 일과 할 수 없는 일을 잘 안다.

노자는 "가장 좋은 것은 물과 같다上善若水"라고 했다.

"물은 만물을 이롭게 하면서도 다투지 않으며 가장 낮은 곳에 자리한다. 그러면서도 모든 것을 깨우치고 안다. 그러므로 도道에 가깝다. 물은 낮은 곳에 있기를 잘하고, 마음 쓸 때는 그윽한 마음가짐을 잘 가지며, 사람들과 함께할 때는 사랑하기를 잘하며, 말할 때는 믿음직하기를 잘하고, 다스릴 때는 질서 있게 하기를 잘하고, 일할 때는 능력 있게 하기를 잘하고, 움직일 때는 타이밍 맞추기를 잘한다. 또한, 다투지 않으니 허물이 없다."

__노자, 《도덕경》 중에서

이렇듯 물은 사람이 사는 데 필요한 모든 지혜를 갖추고 있다. 따라서 물처럼만 살면 걱정할 일이 없다.

나 역시 이제 올라가는 것을 멈추고, 내려가야 할 때가 곧 온다. 이미 내려가고 있는 중인지도 모른다. 마음의 준비를 하고는 있지만, 그때가 되면 더는 욕심 내지 않고 잘 내려가고 싶다.

▶▶▶ 나아가기만 하고 물러설 줄 모르는 것은 욕심 때문이며, 멈춰야 할 때 멈추지 못하는 것은 우유부단하기 때문이다. 또한, 물러서기만 하고 나아가지 못하는 것은 용기가 없기 때문이다.

중요한 때일수록 잠시 멈춰 서서 자기 내면의 소리에 귀 기울여야 한다. 그래야만 올바르게 처신할 수 있다.

인생의 마법은
두려움 너머에 있다

위대한 업적은 대부분 커다란 위험을 감수한 결과이다.
뭔가를 얻기 위해서는 그만큼의 고된 시간과 고통이 뒤따른다.
두려움을 이기는 법을 아는 사람만이 그 고통을 받아들이며 앞으로 나아간다.

____ 헤로도토스

"두려운 생각이 들 때마다 엄마는 고개를 꼿꼿이 든 채 행복한 리듬의 휘파람을 분다. 내가 두려워하고 있다는 사실을 아무도 모르게 말이야. 이 속임수는 참 이상하기도 하지. 내가 두려워하는 사람들뿐만 아니라 나조차도 속아 넘어가게 하거든."

뮤지컬 〈왕과 나The King and I〉에서 여자 주인공 안나가 아들 루이에게 한 말이다.

대부분 사람은 두려움을 느끼면 일단 도망부터 친다. 그것이 문제를 해결하지 못한다는 사실 역시 잘 알지만, 그보다 쉽고 편한 방법이 없기 때문이다. 하지만 도망칠수록 악순환이 반복될 뿐이다. 또한, 언제까지나 도망칠 수도 없다. 똑같은 두려움이 수시로 찾아오기 때문이다. 그럴 바에야 차라리 처음부터 두려움과 마주해야 한다. 그래야만 그것과 싸워서 이기는 법을 알게 된다.

심리학에 'Comfort Zone'이라는 말이 있다. 우리 말로 '안전지대'를 뜻하는 것으로 '온도·습도·풍속 등이 적정 수준을 유지해서 우리 몸이 가장 편안하고 안전함을 느끼는 공간'을 말한다. 무엇에도 영향받지 않는 심리적으로 가장 편안하고 안전한 영역인 셈이다. 따라서 이곳에 머무는 한 어떤 부담도 느끼지 않을 뿐만 아니라 느긋한 기분으로 살 수 있고, 도전의 버거움이나 실패의 두려움 역시 전혀 느끼지 않는다. 그러다 보니 많은 사람이 가능한 한 Comfort Zone에서 빠져나가지 않으려고 한다. Comfort Zone에서 벗어난다는 것은 새로운 도전을 뜻하기 때문이다.

문제는 Comfort Zone에 머무는 한 제자리를 맴돌거나 퇴보할 수밖에 없다는 것이다.

우리가 정말 원하는 것은 Comfort Zone 너머에 있다. 즉, 두려움이라는 벽을 넘어 새로운 도전에 성공해야만 우리가 원하는 것을 얻을 수 있을 뿐만 아니라 진정한 행복을 느낄 수 있다.

'1만 시간의 법칙The 10,000 Hour Rule' 이론의 창시자이자 세계적인 심리학자인 안데르스 에릭슨Anders Ericsson 박사는 《1만 시간의 재발견Peak: Secrets from the New Science of Expertise》에서 이렇게 말한 바 있다.

"Comfort Zone에 머무는 한 1만 시간을 투자한들 자기 발전은 어렵고 오히려 퇴보할 수 있다."

어떤 일이건 Comfort Zone에서 벗어나서 자신을 극한까지 밀어붙여야만 성공할 수 있다. 서양 음악사상 최고의 천재로 꼽히는 볼프강 아마데우스 모차르트Wolfgang Amadeus Mozart가 그랬고, 미국 프로농구NBA 역사상 3점

슛을 가장 많이 성공시킨 월터 레이 앨런Walter Ray Allen 역시 마찬가지였다. 그런 점에서 우리의 가장 빛나는 모습은 보이지 않는 곳에서 감수해온 혹독한 노력과 고통의 산물일지도 모른다.

생각건대, 대부분 사람이 Comfort Zone에만 머물려는 이유는 거기서 벗어나면 자기 단점을 곧이곧대로 인정해야 하기 때문이다. 그러다 보니 새로운 도전을 회피하게 되고, 자신과 거리를 둠으로써 부정적 감정을 덜고 고통에서 벗어나려고 한다. 심지어 자신이 이룬 성공이나 업적이 피나는 노력이나 능력의 결과가 아닌 행운이나 우연의 산물이라며 평가절하하는 '가면 증후군Imposter Syndrome'에 빠지기도 한다. 자신의 본래 모습이 드러나는 것에 두려움을 느끼기 때문이다. 중요한 것은 그렇게 스트레스 주는 상황을 회피할수록 스트레스 지수가 오히려 점점 더 높아진다는 것이다. 이를 회피의 역설이라고 한다.

불안함에서 벗어나는 가장 좋은 방법은 생각만 해도 불안하게 하는 일을 즉시 하는 것이다. 첫걸음의 보폭이 반드시 클 필요는 없다. Comfort Zone에서 빠져나와 새로운 도전을 한다는 것 자체가 중요하기 때문이다. 목적의식이 클 때 고통을 감내하는 일이나 그것을 성취하는 일이 훨씬 더 성공적으로 이루어진다.

하버드 비즈니스 스쿨에서 '인간관계론 강의'로 명성을 얻었으며, 현재는 브랜다이스대학 국제경영대학원 교수이자 심리학과 교수인 앤디 몰린스키Andy Molinsky는 《하버드 비즈니스 스쿨 인간관계론 강의Reach》에서 이렇게 말한다.

"당신의 삶은 벽을 뛰어넘으려는 노력이 모여서 만들어진 것이라고 해도 과언이 아니다. 유아기에는 바닥을 기는 편안함을 포기하고 혼자서

두 발로 서는 도전에 나섰다. 유치원에 가기 위해, 그다음에는 초등학교에 가기 위해, 그리고 중고등학교와 대학교에 가기 위해 집을 떠났다. 대학을 떠나 첫 번째 직장에 입사했을 때도 당신은 한 걸음 도약했다. 직장에서 보직을 변경하거나 이직을 경험하기도 했다. 그 모든 게 도전이고 변화였으며, 오늘의 당신은 그런 경험의 결과물이다. 당신의 삶은 항상 도전으로 가득했고, 그때마다 극복했으며, 앞으로도 얼마든지 해낼 수 있다."

영화 〈최종병기 활〉에서 조선 최고 신궁 남이는 바람 부는 허허벌판에서 청나라 장수 쥬신타와 마지막 승부를 겨룬다. 남이의 이복동생 자인을 인질 삼아 그 뒤에 숨어 있는 쥬신타와 숨을 고르며 그를 지켜보는 남이. 그야말로 절체절명의 순간이다. 문제는 남이에게 남은 화살이 단 한 발뿐이라는 것. 그것으로 자신과 이복동생의 목숨을 구해야 했다. 하지만 바람이 너무 셌다. 활이 어디로 날아갈지 전혀 예측할 수 없을뿐더러 잘못하면 자인이 맞을 수도 있었다.

그때 쥬신타가 남이에게 이렇게 묻는다.

"이 강한 바람마저 계산할 수 있느냐?"

그 순간, 남이의 마지막 화살이 쥬신타를 향해 날아가고, 남이는 이렇게 말한다.

"두려움은 직시하면 그뿐. 바람은 계산하는 것이 아니라 극복하는 것이다."

▶▶▶ 우리는 고통스럽고, 인정하고 싶지 않은 일일수록 그것을 기억하려고 하지 않는 경향이 있다. 그것을 떠올리는 것만으로도 두렵고 고

통스럽기 때문이다. 하지만 그런 일일수록 회피하거나 도망만 가서는 그 문제를 절대 해결할 수 없다. 그것과 적극적으로 맞서서 이겨내야만 한다. 그것이 두려움에서 벗어나는 가장 빠른 지름길이다.

누구도
대신할 수 없는 사람이 되어야 한다

성공한 사람이 되기보다는 가치 있는 사람이 되기 위해서 노력하라.

__ 알베르트 아인슈타인

세계적인 운동선수나 배우, 음악가 곁에는 그들을 돕는 코치나 매니저가 반드시 있다. 그들은 대부분 같은 길을 걸었던 사람으로서 자신만의 비법을 제자에게 전수하며 뛰어난 역량을 발휘하도록 돕는다. 지독한 슬럼프에 빠졌을 때는 자신의 경험을 들려주며 거기서 빨리 벗어나도록 돕기도 하고, 삶의 지혜를 들려주며 성숙한 인격을 지닌 사람으로 성장하게 하기도 한다.

우리 삶에도 그런 코치나 매니저가 꼭 필요하다. 특히 자신을 스스로 제어할 수 없는 사람이나 위기에 처한 사람일수록 그들의 존재가 더욱더 절실하다.

"가장 위대한 가르침은 모범을 보이는 것이며, 가장 큰 지혜는 삶의 모델을 보고 배우는 것이다"라는 말이 있다. 그 때문에 살면서 존경할 만한 좋은 스승을 만나는 일은 매우 중요하다. 알렉산더^{Alexander} 대왕에게는 아리스토텔레스Aristoteles라는 위대한 스승이 있었고, 플라톤Platon에게는 소크라테스Socrates가, 헬렌 켈러Helen Keller에게는 애니 설리번Anne Sullivan이 있었다.

● 알렉산더 대왕과 아리스토텔레스

그리스와 페르시아, 인도에 이르는 대제국을 건설한 위대한 정복자 알렉산더 대왕. 한마디로 그는 거칠 것이라고는 없는 불세출의 영웅으로 단 한 번의 패전도 경험하지 않았을 만큼 뛰어난 군주였다. 그가 유일하게 겁내는 것이 있었다면 스승 아리스토텔레스였다.

아리스토텔레스는 그에게 3년여 동안 군사학을 비롯해 윤리학, 철학, 문학 등 다양한 학문을 가르치며 정신세계에 큰 영향을 미쳤다. 그 때문에 아버지인 필리포스 2세Philippos II보다 스승인 아리스토텔레스를 더 존경한다는 말을 자주 했다.

"아버지는 내게 생명을 주었지만, 스승은 고귀한 삶을 가르쳐 주었다.

그만큼 그가 정복자라는 오명을 벗고 성군을 될 수 있었던 데는 스승 아리스토텔레스의 역할이 컸다.

● 플라톤과 소크라테스

"플라톤이 곧 철학이요, 철학이 곧 플라톤이다"라는 말이 있을 만큼 서양 철학사에서 플라톤이 차지하는 자리는 매우 크다. 그를 그렇게 만든 사람은 스승 소크라테스였다.

열여덟 살에 소크라테스를 만난 플라톤은 스승이 독배를 마시고 숨질 때까지 수많은 가르침을 받았다. 그가 보기에 스승 소크라테스는 가장 현명한 사람이자, 가장 지혜로운 사람이었다. 그런 스승이 불경죄로 처형되는 모습을 보며, 그는 마음의 상처를 크게 받는다. 이를 계기로 그는 오래전부터 마음속에 품어왔던 정치가의 삶을 접고 스승의 뒤를 이어 철학가의 길을 걷는다.

"소크라테스와 같은 시대에 태어나 그의 가르침을 받은 것이 가장 큰 행복이었다."

이 말만으로도 그가 스승 소크라테스를 얼마나 존경했는지 충분히 알 수 있다.

● **헬렌 켈러과 애니 설리번**

설리번은 생후 18개월 만에 열병에 걸려 시력과 청력을 모두 잃어 말할 수 없는 헬렌 켈러의 가정교사를 맡은 후 49년 동안 그녀의 친구이자 빛이 되었다.

그녀가 일곱 살의 헬렌과 처음 만났을 즈음, 헬렌은 다른 사람처럼 듣고 말할 수 없다는 사실에 크게 분노하고 있었다. 그것을 바로잡으려면 '세상과 소통할 수 있다'라는 믿음을 갖게 해야만 했다. 그때부터 그녀는 세상과 통하는 유일한 인식의 통로인 촉각을 통해 헬렌에게 희망을 불어넣었다.

"삶의 조건은 그 어떤 것이라도 사람을 굴복시킬 수 없다. 그러니 너역시 얼마든지 삶의 조건을 극복하고 행복한 삶을 살 수 있다."

그 후 헬렌은 자신에게 불어닥친 고난을 잘 이겨내었고, 19세에 하버드대학의 자매학교로 불리던 래드클리프 대학에 입학했다. 그때도 설리번은 수업 내용을 모두 직접 써주었고 읽어야 할 책을 전부 점자로 옮겨주었다. 우수한 성적으로 대학을 졸업한 후 장애인에게 행해지는 불평등을 비판하면서 순회강연과 저술 활동을 할 때도 마찬가지였다.

장애를 극복한 '기적'으로 유명한 헬렌 켈러. 그러나 스승 설리번이 아니었다면 그 '기적'은 불가능했을 것이다. 그 때문에 헬렌은 눈을 뜬다면 가장 먼저 보고 싶은 사람으로 스승 설리번을 꼽았다.

'인간의 성품은 본래부터 악하다'라는 '성악설性恶說'로 유명한 조나라의 대학자 순자荀子는 중국 최초로 〈권학勸學〉 편을 쓰기도 했다. 그만큼 그는 교육의 필요성과 중요성을 강조했다.

그가 쓴 '권학 편'을 보면 첫 부분에 '청출어람청어람青出於藍青於藍'이라는 말이 나온다. 말 그대로 '청색은 쪽에서 나왔지만, 쪽보다 더 푸르다'라는 뜻으로, 제자가 스승을 능가할 때 흔히 쓰는 말이다. 그런 점에서 우리가 아는 위인들은 대부분 '청출어람'의 예에 속한다고 할 수 있다.

자신의 사상과 생각의 출발점은 스승이지만, 스승을 넘어서야 한다. 그래서 누구도 대신할 수 없는 사람이 되어야 한다. 대부분 스승 역시 그것을 진심으로 원한다.

"Think Different"

1997년 스티브 잡스가 〈애플Apple〉에 복귀하면서 내세운 슬로건이다. 그는 다른 기업과 똑같은 제품, 똑같은 디자인으로는 더는 승리할 수 없다고 생각했다. 그리고 그의 말은 곧 현실이 되었다. 수많은 기업에서 나오는 비슷비슷한 제품에 사람들이 더는 관심을 두지 않았기 때문이다. 사람들은 조금 더 혁신적이고, 조금 더 새로운 디자인의 제품을 찾기 시작했다. 그리고 그것을 예측하고 만든 〈애플〉 아이맥과 아이팟, 아이폰, 아이패드는 크게 히트하며 많은 사람을 사로잡았다.

스티브 잡스는 생전에 괴짜라는 말을 자주 들었다. 다른 사람과 다른 관점에서 사물을 보고 생각했기 때문이다. 그것이 그의 차별화 전략의 시작점이었다.

괴짜라는 말을 듣는 것을 겁내지 않아야 한다. 하지만 많은 사람이 그것을 겁낸다. "모난 돌이 정 맞는다"라는 우리 속담처럼 그렇게 하면 다른 사람들에게 찍힐 수도 있다는 걱정 때문이다. 하지만 그것은 그 사람이 성공할 때까지뿐이다. 성공하면 언제 그랬냐는 듯이 하나의 법칙으로 받아들여지고, 성공 신화로 받들기 때문이다. 스티브 잡스의 삶이 그것을 여실히 증명하고 있다.

《보랏빛 소가 온다 Purple Cow》로 유명한 세계적인 마케팅 구루 세스 고딘 Seth Godin)은 그런 사람을 가리켜 '린치핀 linchpin'이라고 한다. '린치핀'은 본래 마차나 자동차의 두 바퀴를 연결하는 쇠막대기를 고정하는 핀을 말한다. 작고 볼품없는 부품이다. 하지만 린치핀이 없으면 절대 멀리 갈 수 없다. 그런 만큼 '린치핀'이라는 말은 핵심적이고 중요한 것을 가리킬 때 자주 쓰인다.

"'남들과 다르다'는 이유만으로 꼭 필요한 사람이 되는 것은 아니다.
하지만 꼭 필요한 사람이 되는 유일한 방법은 남들과 달라지는 것이다.
남들과 다를 것이 없다면, 무수한 사람 중 한 명일 뿐이기 때문이다."

___세스 고딘, 《린치핀》 중에서

▶▶▶ 모두가 필요로 하는 '린치핀'과도 같은 사람이 되어야 한다. 그들은 멀리서도 다른 사람들이 일부러 찾아오게 할 만큼 독보적인 기술과

매력을 갖추고 있다. 나아가 그것으로써 다른 사람을 감동하게 한다. 그런 만큼 누구도 함부로 대할 수 없다.

린치핀이 되려면 사회가 강조하는 모범 답안에 세뇌당해서는 안 된다. 그것은 똑같은 기술, 똑같은 서비스, 똑같은 사람을 만들 뿐이다. 내가 없어도 다른 사람으로 충분히 대체할 수 있는 셈이다. 스티브 잡스처럼 괴짜 소리 듣는 것을 겁내지 않고 새로운 도전을 계속해야 한다. 그렇게 해서 'Best one'이 아닌 'Only one'이 되어야만 누구도 대신할 수 없는 사람이 될 수 있다.

••••

이제는 더 멀리 보면서 인생의 다음 단계에 대해서 생각해야 한다.
인생의 다음 단계에는 무엇이 나를 기다리고 있을지 생각하고,
거기에 전념해야 한다.

＿ 마리나 벤저민,《중년, 잠시 멈춤》 저자

참 고 도 서

- 《마흔앓이》, 크리스토프 포레 지음, Mid
- 《혼자 있는 시간의 힘》, 사이토 다카시 지음, 위즈덤하우스
- 《고독의 위로》, 앤서니 스토 지음, 책읽는수요일
- 《월든》, 헨리 데이비드 소로 지음, 이레
- 《아름다운 마무리》, 법정 지음, 문학의숲
- 《사막을 건너는 여섯 가지 방법》, 스티브 도너휴 지음, 김영사
- 《죽음의 수용소에서》, 빅터 프랭클 지음, 청아출판사
- 《살아 있는 것은 다 행복하라》, 법정 지음, 조화로운삶
- 《구도자에게 보내는 편지》, 헨리 데이비드 소로 지음, 오래된미래
- 《중년의 위기》, 짐 콘웨이 지음, 디모데
- 《멈춤》, 데이비드 J. 쿤디츠 지음, 예문
- 《인생수업》, 법륜 지음, 휴
- 《남자답게 나이 드는 법》, 존 C.로빈슨 지음, 아날로그
- 《어린 왕자》, 생텍쥐페리 지음, 인디고
- 《나는 자신 있게 NO라고 말한다》, 마리 아두 지음, 북스캔
- 《회복 탄력성이 높은 사람들의 비밀》, 조앤 보리센코 지음, 이마고
- 《몇 명쯤 안 보고 살아도 괜찮습니다》, 젠 예거 지음, 더퀘스트
- 《부모님 살아 계실 때 꼭 해드려야 할 45가지》, 고도원 엮음, 나무생각
- 《무라카미 하루키 수필집 3》, 무라카미 하루키 지음, 백암
- 《슬로우 스타터》, 김이율 지음, 루이앤휴잇
- 《정의란 무엇인가》, 마이클 샌델 지음, 김영사

- 《흥분하지 않고 우아하게 화내는 기술》, 후쿠다 다케시 지음, 가나출판사
- 《쿨하게 화내기》, 로버트 네이 지음, 시그마프레스
- 《차 이야기》, 오카쿠라 덴신 지음, 기파랑
- 《비웃는 사람이 사라질 때까지 걷자》, 우에마쓰 쓰토무 지음, 알에이치코리아
- 《희망 버리기 기술》, 마크 맨슨 지음, 갤리온
- 《승자독식 사회》, 로버트 프랭크 지음, 웅진지식하우스
- 《힘만 조금 뺐을 뿐인데》, 우치다 타츠루 지음, 오아시스
- 《뜬 세상의 아름다움》, 정약용 지음, 택학사
- 《사람만이 희망이다》, 박노해 지음, 해냄
- 《다치고, 상처받고, 그래도 나는 다시》, 김이율 지음, 루이앤휴잇
- 《무소유》, 법정 지음, 범우사
- 《다시 피는 꽃》, 도종환 지음, 현대문학북스
- 《인생의 절반쯤 왔을 때 깨닫게 되는 것들》, 리처드 라이더 외 지음, 위즈덤하우스
- 《하버드 비즈니스 스쿨 인간관계론 강의》, 앤디 몰린스키 지음, 홍익출판사
- 《의욕의 기술》, 제이슨 워맥 · 조디 워맥 지음, 다산북스
- 《고요할수록 밝아지는 것들》, 혜민 지음, 수오서재
- 《나는 오늘도 나를 응원한다》, 마리사 피어 지음, 비즈니스북스
- 《린치핀》, 세스 고딘 지음, 21세기북스
- 《도덕경》, 노자 지음, 한솔미디어
- 그 외 서울경제신문, 영화 〈행복을 찾아서〉, 〈버킷리스트〉, 〈바르게 살자〉, 〈최종병기 활〉, 연극 〈나이스랜드〉, 뮤지컬 〈왕과 나〉, ABBA 〈The Winner Takes It All〉 등등.

삶의 한가운데서 마주한 중년의 성장통과 깨달음

가장 낮은 곳에 있을 때
비로소 내가 보인다

초판 1쇄 인쇄 2020년 1월 6일
초판 1쇄 발행 2020년 1월 15일

지은이 임채성
디자인 산타클로스

펴낸곳 홍재
주 소 서울시 양천구 목동동로 240, 103동 502호(목동, 현대1차아파트)
전 화 070-4121-6304 　　　　　　**팩 스** 02)6455 - 7642
메 일 asra21@naver.com

출판등록 2017년 10월 30일(신고번호 제 2017 - 000064호)

종이책 ISBN　979-11-89330-08-8　13320
전자책 ISBN　979-11-89330-09-5　15320

저작권자 ⓒ 2019 임채성
COPYRIGHT ⓒ 2019 by Lim Chae Sung
이 도서의 국립중앙도서관 출판시도서목록(CIP)은 서지정보유통지원시스템 홈페이지(http://seoji.nl.go.kr)와
국가자료공동목록시스템(http://www.nl.go.kr/kolisnet)에서 이용하실 수 있습니다.
(CIP제어번호: CIP 2019048803)

홍재는 조선 제22대 왕인 정조대왕의 호로 백성들을 위해 인정을 베풀겠다는 큰 뜻을 담고 있습니다.
도서출판 홍재는 그 뜻을 좇아 많은 사람에게 도움이 되는 책을 출간하는 것을 목표로 하고 있습니다.
책으로 출간했으면 하는 아이디어나 원고가 있다면 주저하지 말고 홍재에 문의해주십시오.

asra21@naver.com